Rita Henß

Ein Jahr in der Provence

Rita Henß

Ein Jahr in der Provence

Reise in den Alltag

HERDER

FREIBURG · BASEL · WIEN

Originalausgabe

© Verlag Herder GmbH, Freiburg im Breisgau 2013
Alle Rechte vorbehalten
www.herder.de

Umschlagkonzeption: Agentur R·M·E Roland Eschlbeck
Umschlaggestaltung: Verlag Herder
Umschlagmotiv: © AGE/Mauritius Images

Satz: Dtp-Satzservice Peter Huber, Freiburg
Herstellung: CPI Moravia Books, Pohorelice

Printed in Czech Republic

ISBN 978-3-451-06529-3

Inhalt

Aufbruch ins Abenteuer   7

September
   Zeit der Feigen   11

Oktober
   Grünes Wetter   25

November
   Farbvariationen   39

Dezember
   Musen und kleine Heilige   57

Januar
   Der Duft der Erinnerung   69

Februar
   Hafenfantasien   83

März
   Boogie-Woogie aus dem Ruder-Flügel   99

April
   Im Zeichen der Künste   114

Mai

    Boulisten und Bratapfelgeplauder   124

Juni

    Ein Holzelefant am Kanal   141

Juli

    Korkenzieher in Pink   155

August

    Allein über die Alpilles   170

Epilog   189

Aufbruch ins Abenteuer

Acht Jahre Inselleben hinterlassen Spuren. Und wecken immer wieder Sehnsüchte. Irgendwann brechen sie sich Bahn. Mal wieder raus aus deiner Stadt, aus deinem Land, sagte eine innere Stimme. Aber wohin? Exotische Ferne? Oder lieber das vertraute Europa? Der Zufall entschied. *Vive la France!* Auszeit in der Provence. Letztlich blieb nur noch eine Frage: Trüffelsaison oder Lavendelblüte? Schneefall oder Sommergewitter? Weihnachtsdinner oder Picknick am Strand? Wann soll ich mein provenzalisches Jahr beginnen?

Fast alle Freunde vor Ort, alle Kenner der Region in meinem Frankfurter Umfeld befinden: Im Mai! *„En mai fais ce qu'il te plaît"*, zitiert Suzanne ein französisches Sprichwort. „Im Mai kannst du alles machen, was du willst." – Und die Bäume blühen. Der Wonnemonat also als Starttermin? Dann steht aber gleich der Juni vor der Tür, und mit ihm schwillt der Touristenstrom. Juli, August: *les grandes vacances*. Mindestens halb Frankreich zieht es in den großen Ferien in den Süden. Und ein paar andere Nationen auch.

Ich liebäugele mit dem Herbst. Weinlese. Kastanienfeste. Wunderbares Licht. Wenig Trubel. „Aber viel Regen", unkt Ben. „Manchmal fallen bis zu vierzig Prozent des Jahresniederschlages an einem Tag." Mein resigniert-böser Blick entlockt dem scheinbar Allwissenden zum Glück den kleinen Nachsatz: „Stand jedenfalls irgendwo im Netz." *Eh bien, cher Benjamin;* ich ignoriere deine www-Warnung und wage es.

„Machen wir noch eine Fläschchen auf von dem Côte du Rhône?", fragt Suzanne, die offenbar vor meinem Weinregal in der Küche steht. Warum nicht. Die Beraterrunde um den Esstisch zeigt zwar schon erste Anzeichen satter Müdigkeit. Aber meine Sinne sind plötzlich alle wieder wach. *Les jeux sont faits!* Die Würfel sind gefallen. Im September fahre ich los! Nach der *rentrée scolaire* und nach meinem Geburtstag. Noch gut ein halbes Jahr. „Nimm lieber den Crémant!", rufe ich vom Esszimmertisch in Richtung Küche. „Wir feiern schon mal meine Entscheidung."

Sechs Monate später ist mir gar nicht mehr feierlich zumute. Zwar habe ich in Aix ein Zimmerchen reserviert, ganz zentral, in „Teresas Bed & Breakfast", das ich schon von einem früheren Aufenthalt kenne. Aber nur für die erste Woche. Dann muss ich eine feste Bleibe finden. „Das geht am besten vor Ort", hatte Suzanne mir großspurig versichert. „Bei mir jedenfalls hat es noch jedes Mal funktioniert." Ach ja? All die Erstsemester des neuen Uni-Halbjahres wollen in dieser beliebten Studentenstadt doch auch irgendwo wohnen ...

Ich hole tief Luft. Wird schon klappen. Und überhaupt: Muss es denn unbedingt Aix sein? Niemand zwingt mich, dort mein Quartier zu nehmen. Ich habe ja sowieso beschlossen, nicht nur an einem Ort zu leben in diesen zwölf Monaten. Sondern ich will einfach nur die Ergebnisse meiner Recherchen in der Region gleich dort niederschreiben und ausarbeiten – anstatt, wie sonst üblich, ein paar Tage später nach Frankfurt zurückzukehren und das dann dort zu tun. Komplett eintauchen in die Materie hatte Suzanne es genannt. So wie einst zu Studienzeiten, damals in Orléans, in Barcelona, in Paris. (Vielleicht sollte ich für meinen Weg nach Süden ein wenig in Erinnerungen schwelgen an diesen Lebensabschnitt und die Route über die Seine-Metropole nehmen und auch mal wieder in dem Loire-Städtchen vorbeischauen, wo sich mein Alltag allerdings hauptsächlich auf dem Campus des Trabantenviertels La Source abspielte, nun ja, wenn wir nicht gerade in die Sologne fuhren oder zu den Kellereien von Vouvray oder zu diesem Architekturstudenten und seiner Freundin im 5. Arrondissement von Paris – aber das ist noch mal eine andere Geschichte ...) Aber seit ich arbeite, war ich nie länger als sechs Wochen en bloc weg aus Deutschland. Und jetzt: Büroplatz gekündigt, Wohnung für ein Jahr auf den Markt gegeben – und eigentlich keinen Plan für das Danach. Euphorie fühlt sich indes anders an.

Mein Koffer, der Rucksack und die Laptoptasche stehen Spalier im Flur; Ben kommt wie immer zu spät. Dafür hatte ich das Vergnügen, meine Zwischenmieterin schon näher kennenzulernen. Sie reiste drei Tage früher an als ursprünglich geplant – der neue Chef wollte sie nicht erst zum Wochen-, sondern schon zum Monatsbeginn am Donnerstag an ihrem Schreibtisch sehen.

Ben, wo bleibst du? Ich muss und will jetzt los. Trage ich mein Gepäck halt allein. Ist mir eigentlich eh lieber so – keine Abschiedsszenen, keine Tränen, keine Sprüche mehr. *Allez – on y va!* Ab in den Süden; ins Sehnsuchtsländchen britischer Ex-PRler und amerikanischer Weinfreaks, in die Welt windmühlenverliebter und untergrundkämpferischer Dichter, in die Wahlheimat und Wiege farbmächtiger Künstler. Ja, sie alle sind mir lang vertraut, aus Büchern, Filmen, Texten, Ausstellungen – und von diversen mal privaten, mal beruflichen Aufenthalten zwischen Nizza und Marseille, dem Mont Ventoux und den Alpilles ...

„Wieso hast du eigentlich nur so wenig Gepäck?", staunt

Ben, als er schließlich doch noch auftaucht. „Planänderung", lache ich. „Wie ...???" – „Das Auto steht in der Werkstatt, Kupplungsseil gerissen ... Ich fahre mit dem Zug. Und nicht auch nach Aix, sondern aufs Dorf, nach Ménerbes." „Verstehe nur Bahnhof", murmelt Ben. „Genau. Da müssen wir jetzt auch hin. Den Rest erklär' ich dir unterwegs ..."

September
Zeit der Feigen

Vor meinem bodenhohen Schlafzimmerfenster steht ein Feigenbaum. Dicht schmiegt er sich an den rauen Putz der Fassade, bis hinauf zum Dach. Fast könnte ich vom Bett aus meine Hand ausstrecken zu den Früchten. Wäre da nicht das Fliegengitter ... Der feinmaschige, flächig gespannte Schutzwall hindert mich aber nicht, die beiden Türfügel weit zu öffnen und die noch sommerwarme Luft einzulassen. Auch nachts. Wunderbar!

Nachdem ich allerdings kurz vor dem Einschlafen das erste „Plopp" durch die filigrane Drahtwand höre und dann noch eines und noch eines und noch eines die Stille der dunklen Stunden in unregelmäßigen Abständen durchdringt, bin ich versucht, doch auch das Türglas zwischen mich und das Draußen zu bringen. Mutig widerstehe ich.

Als um fünf Uhr zweiunddreißig (wie das Handy auf dem Nachttisch exakt dokumentiert) das erste Auto auf der *Route de Bonnieux* vorbeisaust an unserem Haus, verfluche ich meine Entscheidung. Vierzehn Minuten später höre ich die Müllabfuhr; die öffentlichen Tonnen stehen, das habe ich gestern bei meiner Ankunft schon gesehen, kaum einen Steinwurf entfernt. Immerhin scheppern ihre Plastikkörper nicht. Um sieben Uhr zwei brummt das erste Flugzeug am Himmel; der *Aéroport Marseille-Provence* liegt sozusagen gleich vor der Haustüre, hinter dem Rücken des Petit Luberon. Auch die Entfernung nach Cavaillon und zur Autobahn zwischen Marseille und Avignon beträgt keine zwanzig Kilometer. Ideal nicht nur für Ausflüge, sondern auch nur ein Klacks für Pendler. Denn Arbeit gibt es in den Dörfern des Luberon kaum noch, wie ich schon in Deutschland gelesen hatte.

Morgens um acht ist die Welt aber für mich wieder in Ordnung. Der dünne Verkehrsstrom vor meinem Schlafzimmerfenster versiegt. Nur noch „plopp" macht es, „plopp". Und wieder: „plopp". Als ich endlich hinausschaue auf die mit Steinplatten belegte kleine Terrasse, sehe ich die Verursacher des Geräusches: Feigen. Ich hole einen Teller aus der antiken Anrichte und sammle die herabgefallenen, gelbgrünen Früchte auf. Einige liegen auch in dem Beet mit den Rosmarin- und Lavendelbüscheln, unter dem Olivenbäumchen, dem Rosenstrauch und den Herbstzeitlosen, deren Blütenblätter in sattem Sonnengelb leuchten. Rosa Oleander und ein Busch mit Granatäpfelchen bilden zu diesem floralen Tableau das Pendant am Fuß der hohen, grobsteinigen Mauer an der rechten Seite des Hofes. Über ihre bröckelige Haut aus dem für die Region typischen Kalkstein rankt Wein. Schlanke Zypressen begrenzen das kleine Grundstück zum Nachbarn hin. Und wie eine riesige schützende Hand breitet eine uralte Schirmpinie ihre Krone über den Aufgang zum Domizil meiner Vermieter, dem Ehepaar Loiret.

Aus meinem schmalen Badezimmerfenster kann ich durch die Äste einer zweiten Pinie einen Ausschnitt der Dorfsilhouette erspähen. Sie ähnelt, so befand bereits Nostradamus, der Dichterprophet, Arzt und Astrologe aus Saint-Rémy, einem großen Schiff; deutlich erkenne man „Bug und Heck". Auch die Kommandobrücke, würde ich ergänzen. Und alle möglichen Vorderschiff-Aufbauten. Trutzige Quader und Kuben jedenfalls, gelblichweiß mit grauschimmernder Patina, klammern sich hoch oben an die Hügelflanke. Wie weit sie sich ziehen, konnte ich gestern im Abendlicht bereits sehen. Da schimmerten die Steine golden. Und ein wolkenloser Himmel spannte sich noch immer über die Dächer.

„Mistral", hatten mir Madame und Monsieur Loiret erklärt, als sie mich abholten am Busbahnhof von Cavaillon und meinen erfreuten Blick nach oben sahen, auf das seidige, blitzblaue Firmament. Der Zufall (in Gestalt der besten Freundin der Cousine eines Freundes, deren Eltern usw.) hat mir die freundlichsten Vermieter der Welt beschert. Mit tiefen familiären Wurzeln in der Region, großem Wissen um ihre Geschichte, um ihre aktuellen Eigenarten und Probleme, um ihre Sehenswürdigkeiten und ihre Natur.

Gestern also putzte der *lou magistral* den Himmel blank. Was dieser kräftige Wind aus dem Rhônetal sonst noch alles anrichten kann, erfahre ich schon ein paar Tage später. Am eigenen Leib und aus den ersten Geschichten, die ich im Dorf beim Kaffeetrinken oder Einkaufen höre. Kaum tausend Seelen wohnen hier noch, weiß Monsieur Loiret, „im Winter deutlich weniger, wenn die Feriendomizile und Zweitwohnsitze verlassen sind".

Aber noch stehen Fahrzeuge mit fremden Kennzeichen auf den beiden großen Parkplätzte am Ortseingang und auf den kleinen Arealen, die an zwei, drei anderen Ecken als solche gekennzeichnet sind. Ich mache mich zu Fuß auf zu einer ersten Erkundung. Zwar kenne ich Ménerbes von früheren Besuchen, doch diese waren kurz und liegen lange zurück. An „Le Progrès" indes kann ich mich erinnern. Und an die schmale Terrasse dieses Café-Presse-Tabac mit dem zukunftsweisenden Namen – Fortschritt bedeutet er im Deutschen.

Gerade tasten sich die ersten Sonnenstrahlen über die Mauer des hoch über der Ebene hängenden Aussichtsbalkons. Kein Wunder, dass auf dem grünen Blechtisch dort bereits die Katze der Besitzer hockt. Auch der kleine, schwarzweiß gefleckte Hund lässt nicht lange auf sich warten; schnüffelt vorsichtig an dem noch unbekannten und bislang einzigen Gast. *„Une noisette, s'il vous plaît"*, hatte ich am Tresen bestellt, eine Haselnuss, wörtlich übersetzt, vulgo: Espresso mit Milch (geschäumt, wie ich hoffe, aber nicht gleich beim ersten Mal zu fragen wage). Auf dem gütigen Gesicht des Wirts lag ein sanftes Lächeln. Es ist nahezu unermüdlich, wie sich im Laufe der Monate herausstellen wird.

„Ah, c'est là que vous êtes" In dem geschützten Eckchen links neben der Tür hatte mich Monsieur „Le Progrès" offenbar nicht vermutet. Ganz vorsichtig stellt er meine Bestellung ab; neben die aufgeschlagene Zeitung. Am Tresen hatte ich höflich gefragt, ob das dort liegende Exemplar von „La Provence" „frei" sei zum Lesen, und nach dem freundlichen Nicken der drei Männer auf den Barhockern die Regionalpostille nach draußen entführt. Der Mistral hat gute Arbeit geleistet, strahlend blau spannt sich der Himmel bis zum kalkweißen Haupt des Mont Ventoux.

Mein Vermieter hatte mich auf seinem morgendlichen Gang zum Baguette-Holen mit den Einkaufsmöglichkeiten von Ménerbes bekannt gemacht: ein Bäcker, eine *épicerie*, die französische Variante des Krämerladens, donnerstags Markt auf dem großen Parkplatz. Voilà. Dafür aber drei Restaurants, drei Immobilienhändler, drei Galerien. Und im Verkaufsständer von „Le Progrès" neben „Le Figaro" und „Le Monde" auch die „Süddeutsche", die „FAZ", „The Times" sowie eine Fülle von Magazinen in allerlei Sprachen und

mit breiter Themenpalette, von Haus- und Wohnungsdeko-
ration über Küche, Garten und Politik bis hin zu kleinfor-
matigeren Ausflugsführern. Ich werde „La Provence" die
Treue halten. Zur Lektüre im Café oder als eigenes Kauf-
Exemplar für einen Euro in der Mittagspause zu Hause.

Mein neues Zuhause – außer dem Schlafzimmer um-
fasst es einen großzügigen *cuisine-salon*, sodass ich von
der Küchenzeile durch das Wohnzimmer auf die Veranda
schauen kann – ist nicht nur komplett und überaus ge-
schmackvoll möbliert. Sondern auch bestens ausgestattet:
Geschirr und Kochgerätschaften in Mengen und Varianten,
dass ich mich am liebsten sofort an Herd und Backofen stellen möchte. Madame und Monsieur Loiret versorgen mich
zudem mit der Information über die besten und schönsten
Märkte in der Umgebung: Petit Palais, Bonnieux, Coustellet. – „Sonntag Coustellet?" Aber gerne!

Coustellet liegt an der zentralen Achse zwischen dem
Luberon und den Monts de Vaucluse, zwischen den Städtchen Cavaillon und Apt. Ein *carrefour de commerce* – eine
wirtschaftliche Drehscheibe, wie ich an meinem ersten
Marktsonntag dort rasch feststellen kann: drei Bäcker –
„beim mittleren gibt es die besten Croissants", verrät Monsieur Loiret –, zwei Banken, Apotheke, Zeitungs- und Zi-
garettenladen, die Cave Coopérative, eine Handvoll Cafés
und Kneipen, ein Keramik-Shop, die Dépandance eines berühmten Chocolatiers, ein Fischgeschäft – „rund 200 TPEs",
sagt mein Vermieter, *très petites entreprises*. Angesiedelt haben sich diese Kleinunternehmer offenbar vor noch nicht
allzu langer Zeit; kaum eines der Gebäude in Coustellet
scheint mir älter als zwanzig, dreißig Jahre. Nur der *pépiné-
riste*, der Baumschulgärtner und Pflanzenzüchter, wirbt mit
dem Slogan „Schon seit 1889". Und in den Rebfeldern der

Umgebung duckt sich so mancher historische *mas* oder *clos;* restaurierte, oft großzügige Anwesen, inzwischen weltweit angeboten als mehr oder minder luxuriöse Feriendomizile.

Die D 900 teilt Coustellet in zwei Hälften; Nord und Süd. Die größte Attraktion dieses *vrai-faux hameau*, dieses Kunstgebildes aus Industriezone und Dorf – *„c'est moche, mais ça bouge",* sagen die Leute, es ist hässlich, aber es bewegt sich was –, ist das hypermoderne Lavendelmuseum. Auf seinem riesigen Parkplatz stellen wir das Auto ab. Kaum fünfzig Schritte weiter stehen schon die ersten Marktstände. Ihr Angebot: Kunstrasen, „garantiert made in France", wie der junge, gut aussehende Verkäufer mit gewinnendem Lächelnd radebrecht; Handtaschen, eher praktisch als schick, allerlei Lavendelprodukte. „Der Bauernmarkt beginnt auf der anderen Straßenseite." Merci, Monsieur Loiret, dann besteht ja noch Hoffnung.

Vorbei an gebrauchten Büchern und Trödel, an knallbunten Lesebrillen, ausladenden Strohhüten und flattrigleichten Zipfelkleidern bahnen wir uns den Weg zur *Départementale.* Wie sollen wir da nur rüberkommen? Stoßstange an Stoßstange rollen die Fahrzeuge. Immerhin langsam. Wie mag das wohl sein, frage ich mich, an einem normalen Wochentag? Zu den *heures de pointe,* morgens, wenn alle zur Arbeit wollen, in der Mittagspausenzeit, abends zum Feierabend? In der Ferne entdecke ich eine Ampel. Wir nutzen die knappe Lücke im Verkehrsfluss und spurten los. Auf der anderen Straßenseite ein schmaler Durchlass. Und dann endlich: der *marché paysan!*

Obst, Gemüse, Käse, Wein, Kräuter. Und Oliven. Oliven! Die köstlichen kleinen schwarzen aus Nyons. *„Vous voulez goûter?"* Natürlich will ich probieren. Am liebsten von allem, was hier in den Schalen liegt. Tapenade, klassisch, schwarz und grün. Aber auch eine Olivenpaste mit Feigen; eine auf der Basis von Knoblauch, die andere mit Tomaten. Überhaupt, die Tomaten: Viel Ochsenherz sehe ich, sichtlich ungenormt. Und andere alte, längst vergessene Sorten. Zucchiniblüten. Rote Beete. Salat. Knackige Karotten. Und Melonen, so groß nur wie meine Faust. Oder wie ein Kinderball. Ein alter Mann mit nacktem, sonnengebräuntem Oberkörper verkauft die saftigen, grüngelben Kugeln gleich steigenweise. Kiste um Kiste wuchtet er aus der *camionette*, jenem kastenförmigen Mini-Lastwagen, von dem ein Exemplar mit offenem Laderaum hinter dem Rücken fast eines jeden der Marktbeschickers steht – „fast ausnahmslos Bauern aus dem Umland", wie mir Monsieur Loiret erklärt.

Noch ist das Warenangebot üppig, dunkel glänzende Auberginen und ihre kleinen weißen Schwestern, Äpfel und Nektarinen, Feigen, violett und grün. Auch blühendes Grünzeug gibt es; für Fensterbänke und Terrassenkübel; ein paar Schritte weiter preist eine Dame Trüffel-Eichen-Pflänzchen an und will mir gleich ein Prospekt in die Hand drücken zur Pflege der fragilen Gewächse – „die ist fast noch wichtiger als der Standort". In einer der Camionettes erspähe ich Naturdünger im Kofferraum, und auf dem Tischchen davor liegen kleine Kräuterbündel. Wir fragen nach Lorbeer. „Wofür? Und wann wollen Sie ihn verwenden?" Nach der Enthüllung unserer Kochpläne drückt mir der kleine alte Bauer verschmitzt lächelnd ein halbes Dutzend frische *feuilles de laurier* in die Hand. „*Combien je vous dois?*" Nichts sei ich schuldig, schon gut. „*Et bon appétit!*"

Beim Pfirsich- und Aprikosenverkäufer fliegen Scherzworte über die Früchteschalen; Pech für die Urlauber, die die *blagues und jeux de mots* nicht verstehen. Dafür sind die Töne, die aus dem Alten Bahnhof dringen, international.

Umgewandelt zur Kulturstätte mit Bistro, treffen sich in dem doppelstöckigen Gebäude (die einstigen Gleisbetten liegen seit langem unter Asphalt) sonntagmittags hier nicht nur matte Marktbesucher zum Kaffee oder Rosé, sondern auch stets auch ein Grüppchen von Austernfans. Zumindest in den Monaten mit „r" im Namen.

Zwischen dem Ancien Gare und der *bâtisse*, wie der Zeitungsverkäufer verschämt die öffentliche (übrigens wie ein typisch provenzalisches Haus gebaute) Toilette umschrieb, als ich ihn fragte, wo denn die *boîte aux lettres* sei für den Einwurf meiner ersten Post, entdecke ich zwei Obst- und Gemüsestände, an denen ein Schildchen mit der Aufschrift „bio" hängt. Der junge Mann mit den Lammkoteletts und den scharfwürzigen Merguez-Würsten indes hat eine andere wichtige Information für seine Kunden: Handschriftlich prangt an der kleinen Kühltheke die Erinnerung: *„Attention, plus de viande de mouton dans quinze jours."* In zwei Wochen sei es vorbei mit seinem Schafs-Frischfleischangebot ...

Das Agrarjahr neigt sich bereits dem Ende zu, proportional indes scheint die Zahl der Festivitäten zu wachsen. Kaum schlage ich „La Provence" auf, springen mir jeden Tag die Ankündigungen von *fêtes* oder *foires*, von *animations* und öffentlichen *rendez-vous* ins Auge. Das letzte Boule- oder Pétanque-Turnier vor dem Winter, die letzten *courses de taureaux*, sei es in den großen Arenen wie Nîmes oder Arles, sei es organisiert von den Clubs Taurins kleinerer Orte wie Saint-Rémy – wo Schilder in sechs Sprachen (darunter sogar Arabisch!) vor den Stieren und Bullen warnen, die nach althergebrachter Manier des *abrivado* von den *gardiens* vor dem Kampf, etwa um die „Trophée des jeunes Afficionados", durch die Straßen des Städtchens getrieben werden:

Attention. Lâchez des Taureaux Dangereux. Le Comité de Fête ne prend aucune responsabilité ...

Wie agil die Tiere sind, für deren Schäden an unvorsichtigen Zuschauern das Festkomitee keinesfalls haftet, zeigen schon die Fotos, die beim Bäcker an der Ecke zum Boulevard Marceaux das Schaufenster zieren. Nächsten Sommer will ich unbedingt einmal live dabei sein bei einer *course* – und noch einmal eine *manade* besuchen, jene Gehöfte der Camargue, wo die Kampfstiere für die unblutige provenzalische Variante der *corrida* gezüchtet werden.

„Es gibt übrigens auch Wettkämpfe mit Kühen und Kälbern", erläutert mein Vermieter, der mich mit Frau und Freunden zu dem Ausflug nach Saint-Rémy eingeladen hat. „Und habt ihr gelesen, dass die Anti-Stierkampf-Liga eine gerichtliche Niederlage erlitten hat? Es gäbe keinen Hinweis auf das Recht der Tiere in der Verfassung, befanden die Richter, sehr wohl aber sei dort nachzulesen, dass die Republik regionale Traditionen respektiere. Und der Stierkampf gehöre nun mal zu diesen im Süden ..." – „Die corrida zählt inzwischen ja sogar zum *patrimoine culturel immatériel*, zum immateriellen Kulturgut Frankreichs", ergänzt Monsieur Loirets Freund. „Und in Arles gibt es seit Kurzem das *Observatoire Nationale des Cultures Taurines*", wirft Madame Loiret ein; also die staatliche Kontrollstelle in Sachen Stierkampfkultur.

Wir sitzen gerade auf der lauschigen Place Favier, vor dem Musée des Alpilles, um an den filigranen, bonbonfarbenen Eisentischchen der „Filles du Pâtissier" eine kleine Snackpause einzulegen. *Une petite halte* zwischen der Besichtigung des Glanums und einer „Promenade dans l'univers de van Gogh", einem Spaziergang auf jenem Fußgängerparcours, den die Stadt zum 150. Geburtstag des Malers anlegen ließ. 21 Reproduktionen künden auf ihm von der Schaffenskraft des Künstlers, der nach dem legendären Anfall, bei dem er sich im Streit mit Gaughin ein Ohr abschnitt, von Arles in die Nervenheilanstalt Saint-Paul-de-Mausole vor den Toren von Saint-Rémy übergesiedelt war und dort fast elf Monate verbrachte. Im Garten des einstigen Klosters, das bis heute eine Einrichtung für psychisch kranke Menschen birgt, malte er Meisterwerke wie „Les Iris" und „La Nuit Etoilée", die Sternennacht, sowie diverse Selbstporträts.

Die Klinik ist einer der Eckpunkte auf dem Van-Gogh-Spaziergang; der zweite ist das Centre d'Art Présence van Gogh im Hôtel Estrine, einem privaten Palais des 17. Jahrhunderts. Es steht keine zweihundert Meter entfernt vom Boulevard Victor Hugo, den van Gogh ebenfalls auf seine Leinwand bannte: „Les paveurs" heißt das Bild.

„Wir gehen gleich noch auf den Boulevard", verkündet Madame Loiret. Aber nicht nur wegen der Kunst, wie sich herausstellt. Unser Ziel ist vielmehr ein Lädchen, in dem es beim Eintritt köstlich duftet. Wir sind bei Joël Durand, Maître Chocolatier. Frische Schokomandeln, Schokolutscher, helle und dunkle Schokoladentafeln – und im zweiten Räumchen: eine Pralinentheke. Alle dürfen probieren. *„Je vous donne les saisonniers"*, lächelt die Verkäuferin. Wir kosten also Kreationen, die es nur in diesen Wochen gibt. Mit Rosenblättern. Frischem Basilikum. Und mit gesalzenem Karamell. Mmmmh. Letzteren gibt es auch im Glas, als Brotaufstrich, in Varianten mit Lavendel, Zitrone, frischem Rosmarin oder Kastanien. Wer könnte da widerstehen?

Und der Reigen der Versuchungen hat noch lange kein Ende, wie sich bald herausstellen wird. Genauer: an einem der nächsten Samstagabende, in „meinem" Dorf. „Mein Va-

ter eröffnet hier eine Boulangerie." Lachend hält das fein-
gliedrige Wesen mit dem dickem schwarzen Zopf inne in
ihrem Tanz mit dem Besen, den sie, die Borsten himmel-
wärts gerichtet, auf ihrem Zeigefinger balanciert. Mitten
auf der – zugegeben um diese Uhrzeit, kurz vor der *heure
du dîner*, dem Abendessen, kaum befahrenen – „Haupt-
straße" von Ménerbes. Auf der rechten Seite der mit hellen Steinplatten belegten Ortsdurchfahrt, deren Name, Rue
Marcellin Poncet, an eines der vielen Opfer der National-
sozialisten im Süden Frankreichs erinnert, parkt ein weißer Citroën-Kastenwagen. Ohne uns drei eines Blickes zu
würdigen, schaufelt ein zweites, um wenig älteres Mädchen
Schuttbrocken in seinen geöffneten Kofferraum – mit blo-
ßen Händen.

Wir, das Zuschauer- und Plaudergrüppchen, haben unsere Position auf der Höhe des Friseursalons (mit Kosme-
tikabteilung!) bezogen; schräg gegenüber von der Post, die
zugleich als Touristeninformation dient, mit einer bunten
Palette an Broschüren, Faltblättern, Magazinen – aber ohne
jeden Ansprechpartner für weiterführende Auskünfte, wie
ich schon herausgefunden habe. Neben dem Eingang steht
ein Gedenkstein für Jean Moulin; das kleine, neu angelegte
Grünareal nebenan trägt ebenfalls den Namen des südfranzösischen Widerstandskämpfers.

„*J'habite au-dessus*", erklärt ungefragt der alte Mann
mit nacktem Oberkörper, Shorts und weißer Leinenschirmmütze, der mit dem Besentanz-Mädchen gut bekannt zu
sein scheint, und weist mit dem Finger zu einer Terrasse über dem Résistance-Helden-Gärtchen. Seine Wohnung
„dort oben" habe er erst vor einigen Jahren bezogen. „Vorher lebte ich in der Umgebung, als Bauer." Die Arbeiten für
die neue Bäckerei sind ihm offenbar eine willkommene Ab-

wechslung im Einerlei seines Rentnerdaseins. Und Fremde, die auch noch seine Sprache sprechen, wohl erst recht.

„Alors, ça sera pour quand, l'ouverture?", will ich nun von meiner jungen Straßenbekanntschaft wissen. „Wir öffnen im Dezember oder Januar und es wird auch Viennoiserien geben", antwortet die grazile Tänzerin, nun mit zwei Fernbedienungen jonglierend (wo die die plötzlich her hat, frage ich mich; offenbar ist mir ein kurzer Sprung der jungen Dame ins Haus oder Auto entgangen). „Und die Konkurrenz in der Rue Klueber?", frage ich nun neugierig. „Die macht zu in zwei Jahren." – Aha. Ob Madame und Monsieur Roche das auch so sehen? Zwar sind die beiden Bäckersleute schon recht betagt, aber es gibt ja noch *„& Fils"*, wie es auf dem Ladenschild heißt, den Sohn.

Während ich nachdenke über den Wert einer Information aus Kindermund, ist hinter der halb geöffneten Tür, vor dem das weiße Kastenauto parkt, das Schippengeschürfe ebenso verstummt wie das dumpfe Schlagen großer Hämmer, das ich schon am gestrigen Morgen erstmals hörte. Aus der staubigen Stille tritt ein hagerer Mann; das lange schwarze Haar trägt er im Nacken zusammengebunden. An den strahlenden Augen der Besentänzerin erkenne ich, dass es sich um ihren Vater handeln muss, den neuen Bäcker und Patissier, der, wie er nach der Begrüßung sofort erzählt, nach Jahren des Brot- und Gebäckformens in der Fremde nun zurückgekehrt ist nach Ménerbes.

In weniger als einer Minute weiß ich, wie die Fassade seiner neuen Wirkungsstätte aussehen wird, dass er beim Bürgermeister um zwei Kundenparkplätze nachsuchen wird – *„Sinon"*, mischt sich der Monsieur mit der weißen Schirmmütze ein, falls das nicht klappe, könne man sich ja auch kurz quer vor die anderen, schon parkenden Autos stellen; man bleibe ja nicht stundenlang beim Bäcker. „Das ist so wie mit der Post oder Bank, ein paar Minuten, und man ist wieder zurück ...“

Da ich beipflichte, ist dieser Aspekt des Projekts quasi abgehakt, und wir kehren rasch zurück zur Ausgestaltung des neuen Ladens (ohne Sitzgelegenheiten, denn in diesem Falle brauche man ja noch eine weitere Genehmigung, müsse auch Toiletten bauen), zur Präsentation der Ware. Und zur Idee, *dans une deuxième phase*", in einer zweiten Phase, neben Brotsorten und diversem Kleingebäck, also neben Baguettes, Ficelles, Fougasse, Pain Campagnard, Croissants und Petits Pains au Chocolat sowie allerlei winzigen Törtchen und sonstigen Leckereien aus Butter, Zucker und Mehl, auch Sandwiches anzubieten, *froid et chaud*", kalt und warm, mit besten Zutaten selbstverständlich – *c'est la qualité que les gens demandent aujourd'hui*".

Als der dynamische Bäckersmann schließlich doch einmal kurz Atem holen muss und auch der weiße Schirmmützenmonsieur – er war bei der Cavallerie in der Nähe von Metz, wie er mir schon im zweiten oder dritten Satz erzählte – gerade einmal nichts mehr zu kommentieren weiß, sage ich das Wort *dîner* in die Runde. Sein Zauber wirkt. Mit allseitigen *Bon-appétit*-Wünschen löst sich unser kleiner Diskussions-Zirkel rasch auf. *A demain alors peut-être*", schiebt der Träger der weißen Leinenschirmmütze noch nach. Doch da sind das Mädchen und sein Vater schon um die nächste Straßenecke verschwunden. Die große Schwester und Tochter hatte sich sowieso schon unbemerkt aus dem Staub gemacht – buchstäblich ...

Nach einer guten Woche kenne ich das halbe Dorf und eine Menge Geschichten. Ich weiß, wo es schon jetzt montags Brot und Croissants gibt, wenn die Boulangerie Roche geschlossen hat – und stelle fest, dass mir die „Ersatzhörnchen" deutlich besser schmecken. Ich habe richtig küssen gelernt zur Begrüßung – drei Mal, links, rechts, links; nicht nur zwei Mal wie andernorts. Meine „Luftnummer" vom ersten Mal ist der entsprechenden Person sicher noch im Gedächtnis. Ich kenne außerdem bereits ein paar Themen, die immer wieder hochkochen unter den Ménerbern. Wie jenes des neuen Straßenpflasters. Ein Heidengeld habe es gekostet, heißt es. „Aber es passt nicht zum historischen Ortsbild", sagen viele. Zudem sei es rutschig bei Schnee und Regen. Auch eine Menge hässlicher brauner Flecken zeigen sich bereits auf den sandfarbenen Platten. Meist stammen die allerdings nicht von Hundehinterlassenschaften, sondern bloß von zerplatzten, durch Autoreifen oder Fußsohlen zerquetschten Feigen. Denn niemand erntet die Früchte von den meist wilden Bäumen, die an den Straßenrändern wachsen und ihre Äste oftmals nicht nur über, sondern auch durch die Mauern strecken. Wie vor meinem Schlafzimmerfenster. *Les figues alors …*

Oktober

Grünes Wetter

„Ich habe Sie schon gesehen heute morgen, ich bin mit dem Auto an Ihnen vorbeigefahren ins Dorf", sagt die elsässische Nachbarin zur Begrüßung, als Madame Loiret uns einander vorstellt. Fremde, selbst unter Fremden, werden sofort als solche entdeckt. Estelle kam vor vielen Jahren in den Süden, „wegen des Wetters vor allem". Inzwischen hat sie diverse provenzalische Winter erlebt, in einem sind ihr alle jungen Oleanderbäume erfroren. „Auch die Olivenbäume haben sehr gelitten", erzählt sie; der Preis fürs Öl steige dann immer kräftig.

Dank Estelle erfahre ich von den Yogakursen in Goult, die dort regelmäßiger angeboten werden als in Ménerbes. „Hier bei uns wird vieles mangels Teilnehmer bald wieder eingestellt." Ich erfahre von der schwulen Wandergruppe *les Gays Randonneurs de Provence*, in der auch Heterosexuelle willkommen sind – und in der stramm gegangen wird, nicht nur auf den Wegen um Avignon, dem Sitz des Vereins, sondern im ganzen Vaucluse oder auch im angrenzenden Departement Gard. Und ich erfahre im Laufe unseres vormittäglichen Plausches, dass ich in ein *quartier de chats* geraten bin, in eines der Katzenviertel des Dorfes, jenes, in dem die Vierbeiner ebenso merkwürdig seien wie mitunter ihre Besitzer. Voller Humor erzählt meine neue Bekannte auch gleich von ihren zwei eigenen Exemplaren: der *chat officiel* mit Nierenproblemen – und der *chat sauvage*, der wilden, die sich gern aus dem Napf der häuslichen Kollegin ernährt. Und ihren Durst mit dem – gechlorten – Wasser des Swimmingpools stillt.

Ob die Katzen – *„lou-cat"*, sagt Estelle, laute das provenzalische Wort für die Tiere – wohl auch etwas zu tun haben mit der Bezeichnung unseres Viertels? Catherusse heißt es; wie ich am Eingangstor unter dem Namensschild meiner Vermieter lesen kann, gesprochen „katerüsse". Russische Katzen? Oder stand gar Katharina von Russland Pate? Aber war die Zarin jemals in Ménerbes? Madame Loiret zuckt die Schultern. Hat jedoch – quasi zum Trost für mich – eine wunderbare Geschichte über Sprachblüten im Alltag der seit Langem ja schon von zahlreichen Fremden bevölkerten provenzalischen Dörfer parat. (Peter Mayle lässt grüßen, aus Lourmarin übrigens inzwischen, wo seine Landsleute ihn mitunter im „Café de l'Ormeau" oder auf der Terrasse des „Café Gaby" entdecken; Ménerbes hat er lange schon verlassen, aber jeder hier kennt das ehemaligen Haus des Briten – „dort, wo die vielen Kirschbäume stehen" – und die meisten verziehen das Gesicht anlässlich seiner zum Bestseller avancierten Geschichten von Handwerkern, die nicht kommen oder Dinge tun, die er nicht möchte, und seiner sonstigen „typisch englischen" Anspielungen auf die angeblichen Eigenheiten der Provenzalen.)

Madame Loirets Geschichte geht so: Eine durchaus des Französischen mächtige Zugezogene hört von ihrem Klempner eines Tages die Frage nach „Büderüsse". Sie kann sich leider keinen rechten Reim machen auf das Wort, überlegt, ob der Mann (und warum wohl) mit ihr über die „rüsse", die Russen, sprechen will und was denn „Büde" bedeuten könnte, so schlecht ist doch der Zustand ihres Hauses gar nicht, dass man es als Bude bezeichnen könnte. Die beiden parlieren ein wenig hin und her; irgendwann löst sich das Rätsel (wie, verriet meine Vermieterin nicht) und die Fremde versteht, dass der Mann von einer deutschen Firma spricht, die Heizungssysteme und -teile produziert. Qualitätsmaterial offenbar, das den Handwerker beeindruckt hat: Buderus …

Eine späte Einkaufsrunde steht an. Nein, nicht für Technisches. Für einen guten Tropfen. Oder zwei. Oder drei. Oben am Place de l'Horloge; im Maison de la Truffe et du Vin, jener Trüffel- und Weinadresse im einstigen Hôtel d'Astier Monfaucon, das zuvor als Hospiz und dann als Knabenschule diente. Anne-Marie, deren Namen ich zu diesem Zeitpunkt natürlich noch nicht kenne, sitzt mit ihrer erwachsenen Tochter (auch dieses familiäre Detail erfahre ich selbstverständlich erst später), also eine junge und eine ältere Frau sitzen im frühen Abendlicht auf der Gartenterrasse des historischen Palais bei einem Glas Rosé. Da alle anderen der wenigen Tische schon eingedeckt sind zum Dîner, frage ich die beiden sympathisch wirkenden Damen an dem „nackten" Blechtisch unter dem Rosenstrauch, ob sie noch ein Plätzchen haben für mich. *„Mais oui, avec plaisir."*

Rasch kommen wir ins Gespräch. „Wir haben eine Freundin besucht in Apt am Nachmittag und dann das Konzert hier in der Kirche; Barock- und Renaissance-Kompositionen, ein Gastspiel der Opéra d'Avignon. Wir müssen aber heute noch zurück nach Marseille." Hm, den Konzertaushang hatte ich auch gesehen; aber Monteverdi und Telemann hatten mich nicht wirklich gereizt … „Für uns war es auch die erste Begegnung mit Alter Musik", gestehen meine beiden Tischnachbarinnen, „eine Zufallsbegegnung eigentlich." Wir plaudern über die Klänge späterer Epochen und über andere Formen der Kultur. Es stellt sich heraus, dass Anne-Marie spanische Wurzel hat und Flamenco-Unterricht gibt.

„Und was machen Sie?", lautet schließlich die Frage an mich. Ich erzähle, dass ich für ein Jahr in die Provence gekommen bin, um zu schreiben. Dass ich hier im Ort seit gut einem Monat wohne und dass ich gerade einige regionale Weine in der *cave* unten verkostet und gekauft habe; zum Preis wie beim Erzeuger – von denen immerhin mehr als vierzig in den Regalen des Kellergewölbes vertreten sind, darunter auch Jean-Pierre Margan vom Château la Canorgue, das einst als eine der Kulissen für die Verfilmung der Peter-Mayle-Geschichte „Ein gutes Jahr" diente, was für eine Flut von Neugierigen sorgte, die „überall herumtrampelten und fotografierten, ohne eine einzige Flasche unseres Weins zu kaufen", wie sich Monsieur Margan einmal bei einem meiner Besuche auf der Domaine empörte.

Irgendwann im Verlauf des Abends tauschen Anne-Marie und ich Handynummern und E-Mail-Adressen aus. „Komm uns doch mal besuchen, solange wir noch in Marseille wohnen." Noch? „Ja, ich werde hoffentlich bald umziehen in die Ardèche", verkündet Anne-Marie. Ich verspreche, mich bald zu melden.

Aber jetzt steht bei mir erst mal der Norden auf der Liste. Und das Thema Co-Voiturage; Auto-Mitfahrgelegenheit. Denn ich bin ja mit dem Zug angereist. Von Frankfurt bis nach Aix – ohne umzusteigen. Dafür mit bisweilen 320 Stundenkilometern. Zum Preis von neununddreißig Euro, Hinfahrt allerdings nur. Eines der sensationellen *ventes-flash*- und *dernière-minute*-Sonderangebote für die neu eröffnete Hochgeschwindigkeitsstrecke.

Zum Umherfahren in der Provence taugt der TGV, der *train à grande vitesse* indes kaum. Und das Netz der Regionalzüge ist kaum weniger grobmaschig als jenes der Busse. Madame und Monsieur Loiret haben mir zwar freundlicherweise ihr Gästefahrrad angeboten. Das leistet mir auch beste Dienste auf kürzeren Distanzen. Für größere Entfernungen brauche ich allerdings schon ein Motorgefährt. Da hilft mir mal wieder „La Provence" weiter. Mit dem Hinweis auf das in Apt ausgeklügelte Transportprojekt ZAPT. Als Autostopper könnte ich mich dort registrieren lassen und erhielte dann einen entsprechenden auffälligen Button. Na ja. Da gefallen mir die auf der ZAPT-Website sofort buchbaren Mitfahrgelegenheiten schon besser. Das System kenne ich von Deutschland, in der Provence ist es offenbar neu.

„Weil zu viele Autos mit nur einem Insassen täglich die gute Luft verpesten in der bei Touristen aus aller Welt beliebten Region", so hieß es in einem Zeitungsartikel, begannen Bewohner der Region Apt (wofür das Z steht, habe ich noch nicht rausgefunden) und des Bezirks Vaucluse gemeinsam mit einigen Kommunalpolitikern, über andere Formen von Mobilität nachzudenken. Das Ergebnis: *la téléportation locale* (Was für ein Begriff!) Ich melde mich also an bei ZAPT und suche in den zahlreichen regelmäßigen Angeboten mein erstes Ziel. Bis zum gewünschten Hameau de Derboux komme ich mit der „elektronisch buchbaren Verbringung" leider nicht. Aber zumindest in die Nähe. „Es holt Sie jemand ab in Mondragon", hatte mir eine nette Stimme am Telefon versichert.

Mondragon! Dieser Name allein schon. Er gab den Ausschlag. Mein Drachen. Bei Bollène faucht er, nördlich noch von Orange. Eine gute Stunde Fahrt. Aber Léonie schwärmte so. Nein, nicht von dem Ort an sich. Sondern von der Arbeitsatmosphäre auf der Domaine La Guicharde. Schon seit zwei Jahren hilft Léonie dort bei der *vendange*. „Insgesamt sind wir meist zehn von der ESADSE", erzählte sie mir bei unserem Zufallstreffen im Zug zwischen Lyon und Avignon. „ESADSE?" – „École Supérieure d'Art et Design de Saint-Étienne." Aha. „Einer der Neffen von Arnaud Guichard, dem Besitzer der Domaine, studierte auch an der ESADSE und schwärmte oft von seiner Weinlese-Zeit beim Onkel. So kamen wir auf die Idee, ebenfalls auf La Guicharde anzuheuern."

Das wäre auch was für mich, denke ich; immerhin habe ich im eigenen Weinberg in Portugal Erfahrungen im Umgang mit Reben gesammelt und befreundeten Winzern an der Mosel bei der Lese geholfen. Offenbar habe ich laut gedacht. Léonie jedenfalls hakt nach und verspricht, ein gutes Wort für mich einzulegen bei den Guichards. „Die Chancen stehen gar nicht schlecht", ermuntert sie mich; es gebe jedes Jahr zusätzlich zu dem Grüppchen der Kunst- und Design-Studenten immer auch paar *travailleurs locaux* zur Unterstützung der Domaine-Angestellten

Vier Wochen später stehe ich mit gebeugtem Rücken in der Rebzeile neben Maryse, einer pensionierten Postangestellten aus Mondragon. Sie ist mit ihrem Sohn Romain gekommen und genießt es sichtlich, im Kreis der jungen Leute tätig zu sein. Wir haben auch Wetterglück, die Sonne strahlt, der Himmel zeigt ein makelloses Blau, der Mistral bläst nur moderat. *„Ici on bosse, mais il n'y a pas cette pression que j'ai connu ailleurs"*, resümiert Léonie, die mich an unserem ersten gemeinsamen Vormittag auf der Domaine mit so strahlender Wiedersehensfreude begrüßte, als seien wir schon lange befreundet. Maryse, die mir gegenübersitzt an der langen Tafel, nickt zweimal heftig zu Léonies Kommentar über das durchaus nicht leichte oder ohne großen Druck vonstatten gehende Arbeiten auf der Domaine.

Madame Guichard – oder Isabelle, wie alle sagen – kocht jeden Tag für uns zwanzig *vendangeurs*, mittags und abends. Heute stehen als *repas* Tomatensalat, Rinderbraten, Käse und Millefeuille auf der Schiefertafel; ich fühle mich fast wie im Restaurant. Und in was für einem: Aufgedeckt ist ganz romantisch unter Platanen; ausgeschenkt wird selbstverständlich nicht nur Wasser, sondern auch der Wein der Domaine. Wir alle essen mit gutem Appetit, kein Krümel bleibt übrig. „Isabelle kocht einfach fantastisch", bringt Maryse meine Gedanken auf den Punkt. „Jetzt gibt es sogar ein Buch mit ihren Gerichten." – „*Oui, c'est vrai*", bestätigt die Domaine-Chefin beim Kaffee. „Jedes Jahr fragen mich die Saisonarbeiter, bevor sie abreisen, nach den Rezepten von dem, was wir gegessen haben während unserer gemeinsamen Zeit." Voilà, jetzt ist es festgehalten, schwarz auf weiß. Natürlich werde ich Isabelles „Recettes de vendageurs" auch selber ausprobieren. Nach der Lese habe ich ja Zeit ...

Zehn Tage sind wir allerdings jetzt erst mal noch beschäftigt mit dem Ernten der Trauben, acht Stunden jeweils. Schnipp, schnapp, schnipp, schnapp. Chardonnay, Viognier, dann Grenache und Marsanne. Sorgfältig setzen wir die Schere, legen die Traubenzöpfe sachte in unsere Eimer; Monsieur Arnold schaut schließlich immer wieder mal vorbei mit aufmerksamem Blick. „*Si vous les mangeriez pas, ne les prennez pas*", hatte uns Isabelle instruiert – alle Trauben, die wir nicht selbst essen würden, sollten wir auch nicht ernten. Eine erste Qualitätsselektion also schon im Weinberg. Natürlich wandert die essbare Wahl immer mal wieder tatsächlich in den Mund anstatt in den Eimer. Und immer mal wieder beginnt auch einer von uns *vendageurs* zu summen, andere nehmen die Melodie auf und mit einem Mal singen wir: ein altes Lied, ein Chanson, einen Musicalhit. Auch Rätsel geben wir uns manchmal auf. Ich scheitere meist an diesen kniffligen *devinettes*; Maryse indes weiß oft als Erste die Lösung. Manchmal bemerke ich aber auch, wie sie flüstert mit ihrem Sohn. Abends sinken wir nach Isabelles Vier-Gänge-Dîner und ein paar gemeinsamen Bieren oder einem letzten Glas Wein meist deutlich vor Mitternacht hundemüde ins Bett. Manche mit leichten Rückenschmerzen, so wie ich, andere auch noch mit ein paar Schnittwunden an den Händen. Rebscheren sind tückisch!

Zahltag! Fünfhundert Euro bekomme ich für meine Arbeit im Rebfeld, das reicht für fast eineinhalb Monatsmieten. „Ich bezahle damit die Steuer", klagt Maryse; das Lesegeld bedeutet lediglich ein Zubrot zu ihrer kargen Rente. „Für uns seid ihr Saisonkräfte richtig teuer; das Pflücken mit der Maschine kostet die Hälfte", rechnet Monsieur Arnold mir vor. Fünfundzwanzig Hektar haben wir geschafft in Mondragon mit unserer Menschenkraft, fünfzehn bleiben für die *machine à vendanger*. Ob wir wohl nächstes Jahr wieder…? „Wir setzen hier mehr und mehr auf biologische Landwirtschaft; und die bedeutet beim Wein eben auch verstärkt Handarbeit bei der Lese", beruhigt uns Arnold Guichard. „Dann sehen wir uns ja vielleicht wieder nächsten Herbst", sagen Maryse und Léonie wie aus einem Munde, als ich gerade einen Schritt auf beide zumachen will, um mich mit den üblichen drei Küssen zu verabschieden und danke zu sagen für die gemeinsamen Tage, für das Verraten so mancher Kniffe und für die Erklärungen, wenn ich wieder irgendeinen provenzalischen Ausdruck oder einen Winzer-Fachbegriff nicht verstanden hatte. *Merci les filles, merci!* Kommt mich doch einfach mal besuchen in den nächsten Wochen, bis Ende November mindestens bleibe ich noch in Ménerbes. „Und dann?" – „Im Dezember oder

Januar ziehe ich für drei Monate nach Marseille." „Oh, Marseille!" Léonies Augen leuchten. Maryse indes reagiert verhalten. „Diese Stadt ist mir zu wuselig – ich komme lieber in dein Dorf." – *„A bientôt alors"* – *„Oui, à bientôt",* bis bald. *„Et bonne route",* gute Fahrt. *„Également pour vous",* euch auch.

Um kurz vor eins bin ich schon wieder zu Hause. Aber da Isabelles Kochkünste fühlbar bei mir angeschlagen haben, beschließe ich, das *repas* gleich mal zu streichen. Keine Mittagessen-Kalorien! Just im Moment meiner Entscheidung kommt allerdings Madame Loiret mit einem Schälchen die Treppe herunter, das sie mir freundlich unter die Nase hält: „Auberginenkaviar, von meinem Mann gerade frisch gemacht." Es duftet köstlich. Die Vorsätze wanken. Rasch ist das Schälchen leer; zum Glück hatte ich bei Madame Roche eine frische *ficelle* gekauft. So ganz ohne Brot wollte ich doch nicht bleiben ...

Dann gibt es eben heute Abend eben nur ein paar Scheiben Schinken und ein Stück Käse. Dazu allenfalls ein halbes Gläschen von dem Côte du Rhône, den ich von der Domaine La Guicharde mitgebracht habe. Oder vielleicht doch besser nur Obst und Wasser? Mal sehen. Auf jeden Fall werde ich vor dem *dîner* noch die Joggingschuhe schnüren. Zwei Kilo habe ich mindestens zugenommen in diesen zehn Weinlesetagen. Die müssen wieder runter! „Aber Vorsicht vor den Jägern", warnt Madame Loiret. Ja, ich habe die Schüsse vor meiner Abreise nach Mondragon schon gehört in unserer Umgebung. Und den pensionierten Metzger mit seiner Jagdflinte durchs Dorf laufen sehen.

„Mais les chasseurs sont assez raisonnable cette année", findet Christophe. Ziemlich vernünftig seien die Waidmänner in diesem Jahr. Zumindest im Petit Luberon, also in meinem Joggingrevier. Christophe arbeitet beim ONCFS,

dem Office National de la Chasse et de la Faune Sauvage. Eines Morgens im Café hat er mir von seiner Arbeit erzählt. Als einer von fünf Forstaufsehern ist er zuständig für den gesamten Süden unserer Region. „Mit Rehen und dem anderen Wild gibt es bei uns keinerlei Probleme. Aber bei den Wildschweinen, also ich sage dir, was wir da manchmal sehen! Und das bei unbescholtenen Leuten." *Des comportements assez déroutant,* sagte Christophe wörtlich, ein Verhalten neben der Spur sozusagen.

„Was bedeutet das denn konkret; ich dachte, ihr kontrolliert nur die Art der Waffen, die Munition und die Stückzahl der geschossenen Tiere?" „Genau, wir sind ja nicht gegen das Jagen, sondern nur dafür zuständig, dass die Quoten eingehalten werden. Und wir schauen, dass keine Bleikugeln benutzt werden und auch keine Gewehre, in die mehr als drei Patronen auf einmal passen." O.k., verstanden. Aber was ...? „Na ja, stell dir mal vor, wir haben zum Beispiel auch schon Leute getroffen, die ihr Auto benutzt haben, um Wildschweine zu verfolgen." – Hoffentlich verwechseln die nicht mal einen Jogger oder eine Joggerin mit einem *sanglier,* denke ich. Christophe scheint Gedanken lesen zu können. Jedenfalls grinst er mich an und sagt: *„Mais toi, tu ne risques rien."* Auf Menschen hätten es die Autojäger in der Regel nicht abgesehen. Dennoch beschließe ich, künftig in der Dämmerung nicht mehr in meinem grauen Trikot zu laufen. Sondern in Pink oder Neongelb. *On ne sait jamais!*

Christophe und seine Kollegen sind nicht nur zuständig für die Jagdaufsicht, sondern auch in Sachen Brandgefahr. Und bei anderen Naturkatastrophen? „Du meinst Erdbeben und Überschwemmungen oder so?" Erdbeben?? „Na klar, warte, hier, die heutige Ausgabe von ‚La Provence‘, schau, da hast du die Meldung." Tatsächlich: *Séisme dans les alpes de Haute-Provence.* Am nächsten Tag nimmt das Erdbeben-Ereignis in Villeneuve bereits eine halbe Zeitungsseite ein. Bild und Infografik ergänzen den Text. *„Une forte explosion, suivie de vibrations."* Angst und Unsicherheit, so lese ich, machte sich breit im Ort, als um exakt 20.55.58 Uhr, wie die Aufzeichnungen des Reseau Sismalp bzw. des Maison des Geosciences später ergeben, die Erde bebte. Zwar mit einer Stärke von nur 3,3 auf der Richterskala. Aber doch vernehmlich, weil das Epizentrum genau bei Villeneuve liegt – fünf Kilometer unter der Erde.

Heftig wird das Ereignis auch bei uns im Dorf diskutiert – obwohl wir weit weg sind von dem Oberlauf der Durance. Die Menschen, die dort das Erdbeben im benachbarten Manosque vor einem Jahr mitbekommen haben, bleiben indes weitgehend gelassen, zumindest nach den Worten von „La Provence". Die hundertjährige Céline hingegen ist „ziemlich aus dem Häuschen, denn es ist das erste Mal in ihrem langen Leben, dass die Erde unter ihren Füßen zittert". Auch Familie Uchette hat noch nie einen *séisme* erlebt. – „Wir haben die Nacht lieber in unserem Campingwagen verbracht", erzählen sie dem Lokalreporter. „Wir hatten Angst, dass es ein Nachbeben gibt." Schäden seien keine zu vermelden, heißt es weiter in dem Zeitungsartikel, außer einem Spiegel, der in einem Haus von der Wand fiel und zerbrach. „Aber etwa fünfzehn Leute haben bei mir angerufen", erzählt Jacques Echelon, Villeneuves Bürgermeister. „Und etwa hundert bei der Feuerwehr. Einige wollten sogar wissen, warum dieses Erdbeben nicht angekündigt worden war."

„Na ja, so ganz blöd ist diese Frage nun wirklich nicht", meldet sich Jean-Pierre zu Wort, der die aktuelle „La Provence"-Ausgabe noch in den Händen hält. Großzügig hatte der Künstler mir die Zeitung vorab überlassen zu meinem *café au lait* (den ich mitunter alternativ zur *noisette* bestelle). Tatsächlich gab und gibt es im Durance-Becken wohl immer wieder Erdreaktionen. „Drei pro Jahr laut Statistik mit einer Stärke über drei", wird Bürgermeister Echelon zitiert. „Dieses Jahr wurde die Schwelle allerdings längst überschritten – sieben Mal haben wir im Departement bereits Erdstöße registriert." „Aber das ist ja alles fast zweihundert Kilometer von uns entfernt", beschließt einer der regelmäßigen An-der-Theke-Sitzer vom „Le Progrès" das Thema. Ist ja letztlich auch viel interessanter, dass der Fotograf, der Dora Maar beinahe einmal fotografiert hätte, sein altes Atelier am Eck der Rue du Maupas, schräg gegenüber, nicht mehr nutzen kann, wegen der Feuchtigkeit in den Mauern ...

Apropos Feuchtigkeit. „*On retourne au temps vert.*" So poetisch umschreibt Monsieur Patrick, der Wirt vom „Le Progrès", den ersten Regen des Monats. Dabei war der Guss heftig; rasch hatte ich die hölzernen Klappläden vor meinen Verandatüren geschlossen. „*L'eau est même rentrée au café.*" Im „Le Progrès" hatte das Wasser offenbar keinen nennenswerten Widerstand gefunden; tatsächlich liegt der Eingangsbereich unter Straßenniveau.

„Erinnert ihr euch noch an das fürchterliche Unwetter vor zwanzig Jahren in Vaison-la-Romaine?", fragt einer der Stammgäste wenig später über sein Bierglas hinweg. „Da gab es heute Morgen was im Radio – und in Avignon zeigen sie am Wochenende in der Espace Vaucluse darüber einen Film." – „*De l'eau, de la boue et des larmes*" lautet sein Titel, lese ich später. Eine herbe Erinnerung und Mahnung anlässlich der Flutkatastrophe, die 1992 mehr als vierzig

Menschen das Leben kostete, vierunddreißig allein in Vaison, wo Markttag war, drei in Séguret, vier in Aubignan. Einen Toten beklagte auch Gigondas. Innerhalb von wenigen Stunden fielen damals ungeheure Wassermassen vom Himmel. Der Fluss Ouvèze stieg um siebzehn Meter über seinen Normalpegel. Autos wurden mitgerissen in seinen tosenden Wellen, ein Campingplatz am Ufer verwüstet. Die Brüstung der Pont Romain in Vaison brach. Aus Keller- und Erdgeschossfenstern schossen Fontänen; ganze Häuser am Ufer stürzten ein. Als sich gegen zehn Uhr abends endlich abzeichnet, dass der Flusspegel sinkt, bleiben neben dem Wasser „Schlamm und Tränen", wie es in dem Filmtitel heißt. Und als erste Bilanz: Schäden in Millionenhöhe (damals noch Francs, aber immerhin).

„Schon immer hat es im Gebiet der Bédarrides, dort, wo die Nesque und die Sorgue in die Ouvèze münden, Hochwasser gegeben", heißt es später in einem Dossier von Vaison-la-Romaine. Bereits 1616 sei die Ouèze über statt unter der Pont Romain geflossen. Drei weitere *crues* verzeichnen die Chroniken der Vaucluse für das 18. Jahrhundert. Im darauffolgenden sind es nun sechs – *six importantes*; also ein halbes Dutzend, bei dem beachtliche Schäden angerichtet wurden. Offenbar gab es da auch noch andere. – Herbstauftakt in der Provence.

Zum Glück gibt es auch erfreuliche Szenarien in diesen Wochen. Die orange leuchtenden Kürbisfelder. Innerhalb weniger Tage sind sie abgeerntet. Bei meinem morgendlichen Gang ins Dorf sehe ich, wie die Bauern und ihre Helfer die wuchtigen, von fern wie unförmige Kissen anmutenden *potirons* direkt auf dem Acker säubern. In stabilen Kisten reisen sie dann per Lastwagen zu den Märkten der Region und wer weiß wohin.

Als ich nach Hause komme, überreicht mir Monsieur Loiret einen Tennisschläger. Gelb und schwarz. Verständnislos schaue ich ihn an. „Allmählich kommen jetzt die Skorpione ins Haus; es wird ihnen zu kühl draußen." Oh! Mit der *raquette,* die auch einen Knopf hat, der elektrische Stöße in der Bespannung freisetzt, sei ich gut gerüstet gegen die Tierchen. Und übrigens auch gegen die kleinen grauen Stecher an der Wand, die wie die großen grünen heuschreckenartigen Hüpfer aussehen, welche sich ebenfalls gerne in meine Erdgeschosswohnung verirren. Letztere seien jedoch harmlos, sagt mein Vermieter. Gut zu wissen ...

November

Farbvariationen

„Ah, les jeunes mariés!" Madame Mireille, der ich schon überall im Dorf begegnet bin in den vergangenen Wochen, entfährt der freudige Ausruf, als ich gerade aus dem Rathaus
komme; er gilt ganz offenbar den beiden jungen Leuten,
die sich gemeinsam mit zwei älteren Frauen interessiert zu
einem Aushang an der Rathaustür beugen. Ich hatte das
Glasportal vor einigen Tagen erstmals aufgestoßen, um in
der *Mairie* nach der Herkunft „meines" Ortsviertelnamens
Catherusse zu fragen. Keine der freundlichen Angestellten
wusste eine Antwort. Aber eifrig überlegten alle, wer es
wissen könnte. Ein Telefonat; die Gewährsperson am anderen Ende der Leitung will ihren Cousin fragen, Monsieur
Michel; sein Bed & Breakfast heiße auch Catherusse. Heute Morgen nun bekam ich das Ergebnis der Recherche –
schriftlich: Das *quartier* sei nach dem *mas*, dem Bauernhof
der Familie Michel, benannt. Und dessen Name wiederum
gehe zurück auf die provenzalische Bezeichnung für die
Karthager ...

„Interessant", befindet Madame Mireille, als ich ihr die
zwei Sätze von meinem Zettel vorlese, „ich werde aber zur
Sicherheit noch mal eine Freundin fragen, es gibt ja auch
einen Ort namens Catherousse in der Region, bei Châteauneuf-du-Pape." „Oh, dort in der Nähe war ich einmal bei
einem sehr eigensinnigen Winzer", erinnere ich mich unvermittelt. „Keiner seiner Weine trug das AOC-Siegel, da er
Rebsorten verwendete, die nicht den traditionellen für einen

Côte du Rhône oder Châteauneuf-du-Pape entsprachen. Aber was wir probierten, war von umwerfender Qualität. *Vin de table* stand auf allen Flaschen. Wir kauften drei. Sie kosteten ein kleines Vermögen, das weiß ich noch genau. Mehr als hundert Euro; so viel Bargeld hatten wir gar nicht mehr dabei. Aber Monsieur brachte uns rasch ein Kartenzahlgerät, da konnten wir nicht mehr zurück. Seither frage ich übrigens immer erst mal nach dem Preis, bevor ich für irgendwas mein Portemonnaie zücke ..." „Offenbar war der Tafelwein ja sein Geld wert", entgegnet Madame Mireille mit feiner Ironie. Um dann unvermittelt zu fragen: *„Vous parlez aussi un peu d'anglais?"*

Die zierliche alte Dame mit dem hellbraunen Bubikopf, deren noch mädchenhaftes Gesicht Hunderte winziger Fältchen durchziehen, wohnt in einem großen Haus an der Place de l'Horloge, schräg gegenüber der *mairie*, Wand an Wand mit der neuen Ärztin, die, wie ich inzwischen weiß, aus dem Languedoc stammt, in Goult eine Vertretung übernommen hatte und nun jeden Nachmittag noch in Coustellet praktiziert, jenem Unort, der, wenn nicht gerade Markttag ist, wirkt wie „no man's land", wie eine amerikanische Western-Kulisse, ein seelenloses Drive-in, Drive-through, Drive-out. Außer während des sonntäglichen *marché* scheint kaum jemand dort zu Fuß zu gehen; überall fährt jeder mit dem Auto vor. (In Ménerbes gibt es ähnliche Tendenzen, wie ich feststellen konnte, nicht nur bei den älteren Herrschaften, die hier zu einem beachtlichen Teil schon in den Neunzigern sind oder zumindest hoch in den Achtzigern.)

Ja, Madame Mireille, ich spreche ein wenig Englisch. „Oh, dann können Sie ja dolmetschen für mich." *Mais oui*, sehr gerne! Wir stehen nun zu sechst vor dem Rathaus beieinander, ein junges Paar, wir beide und noch zwei Frauen.

Die Mütter der *jeunes mariés*, der künftigen Brautleute, wie sich herausstellt. Alle aus Südafrika. Und schon seit vier Jahren immer wieder zu Besuch in Ménerbes. Weil eine der beiden *mamans* ein Haus im Ort besitzt. Noch im Laufe des Monats wollen ihre Kinder nun heiraten hier, am Altar von Saint Luc, der Hauptkirche des Dorfes. Aber noch ist die *église* eingerüstet. „Das bleibt doch nicht so?", fragt bangend jene der beiden südafrikanischen Frauen, deren Augen trotz des gerade erst gewichenen Morgennebels im Schatten eines Haarbandes mit Sonnenschild liegen. Madame Mireille schaut mich an. Ich übersetze. „Das kann nicht so bleiben", antwortet sie schließlich harsch; schließlich sei ein paar Tage vor dem Hochzeitstermin ja auch noch ein öffentliches Konzert in der Kirche geplant, mit Alter Musik, ein Gastspiel der Oper von Avignon ... Ein Gerüst vor der Fassade bei solch einem kulturellen Ereignis ... *Impossible!*

Das letzte Wort muss ich nicht übersetzen, alle haben verstanden. Man müsse Druck machen beim Bürgermeister, damit die Arbeiten vorangehen, fordert Madame Mireille. Offenbar hat sie das Baustellenschild an der Kirche noch nicht näher betrachtet. *Janvier* habe ich dort gelesen, Januar. Bis zu diesem Datum dürften die Materialien für die Dachrestaurierung im Umfeld des Gotteshauses gelagert werden. Ob dieser lange Zeitraum nötig sei, konnte ich bei meinem Abendspaziergang freilich niemanden fragen. Kein Arbeiter weit und breit, keinerlei Bewegung im, vor oder auf dem Kirchengemäuer. Nur das weiße Querbanner der Bau- und Restaurierungsfirma flattert an der Stirnseite im Wind. Und an der rechten Seitenfassade eine vom Dachfirst bis zum Boden reichende breite Bahn eines fein gewirkten Plastik-Schutzgewebes in den Trikolore-Farben: *bleu-blanc-rouge.*

Vom Kirchen-Plateau führt rechts der Apsis eine steile, teils überwachsene Gasse hinab zu einem der mittelalterlichen Stadttore. Bislang hatte ich diesen Weg noch nie eingeschlagen. Bald verjüngt sich der in historischer Manier mit unregelmäßigen weißen Findlingen gepflasterte Weg zum Pfad und verliert sich am Hang. Zumindest scheint es so. Doch unter dichtem Eichenlaub – ein halb verwitterter Holzpfeil, auf dem aber noch gut die dreizeilige Inschrift *Porte Saint Sauveur/Eglise Saint Luc 16è Siècle/Village* zu entziffern ist, lugt zwischen den braunen Blättern hervor – schlängelt er sich hinab zur Straße, vorbei an einer blauen, hölzernen Tür, auf dem die Worte *privé* und *entrée défendue* stehen, privat und Eintritt verboten. Die Pforte, so ahne ich, gehört zum Garten von Mrs. Coxe, angeblich eine amerikanische Millionärin, die immer wieder Gesprächsstoff ist im Ort. Ihre Beagles reagieren auf jeden, den sie wittern, mit ausdauerndem Gebell, verfolgen jeden Spaziergänger am Rebzaun bis zum schmiedeeisernen Gartenportal. Erst der Pfiff einer der beiden Gärtner lässt die Tiere verstummen. Fast reglos stehen sie nun hinter den Gitterstäben des Tores; es scheint mir beinahe, als läge ein Staunen in ihren braunen Hundeaugen.

In der anderen Richtung führt der Pfad hinauf zum Schloss derer von Staël, dem *castellet*, das man vom Kirchplateau aus gut sehen kann. Madame Gaby, eine Freundin von Madame Mireille und langjährige Vertraute der Loiret-Vorfahren, kennt die adeligen Besitzer gut; das Häuschen ihrer Familie duckt sich im Schatten des gedrungenen Bauwerks mit der geschwungenen Freitreppe.

Jérôme de Staël ist gut zehn Jahre jünger als Madame Gaby; bis vor Kurzem noch war er der Präsident der *Rencontres des Toiles,* eines sich über den ganzen Sommer ziehenden Kulturevents im Dorf rund um die zeitgenössische Kunst – mit Ausstellungen, Vorträgen, Lesungen, Musikdarbietungen und Filmen. Das kleine Château aus dem 16. Jahrhundert, in dem Monsieur Jérôme heute lebt, erwarb sein Vater Anfang der Fünfzigerjahre. Nicolas de Staël zählte damals bereits zu den wichtigsten Vertretern der französischen Variante des neuen, abstrakten Expressionismus, dem in New York Willem De Kooning und Mark Rothko zum glanzvollen Durchbruch verholfen hatten.

Der „Meteor" Staël, wie ihn ein einmal Kritiker nannte, 1914 in Sankt Petersburg geboren, in Belgien aufgewachsen, nach vielen Reisen durch Europa und mehrmals auch nach Marokko schließlich in Paris sesshaft geworden, dann in Nizza, wo seine erste Tochter geboren wird, ist auch in seiner Kunst stets auf der Suche. Fast schon verzweifelt ringt er, nach dem Tod seiner ersten Frau erneut verheiratet und Vater dreier weiterer Kinder, um die fortlaufende Erneuerung seines Schaffens. „Im Spannungsfeld zwischen Figurativem und Abstraktion", so lese ich in einem Artikel über den Künstler, malt er 1953 in den für ihn typischen Blautönen, mit denen er immer wieder dem Mittelmeer seine Hommage erweist, auch eine Ansicht von Ménerbes. 240 000 Pfund erzielt das nur sechzehn mal zweiundzwanzig Zentimeter messende Werk bei einer Auktion in Paris – mehr als fünfzig Jahre nach dem Tod von Nicolas de Staël, der 1954 seine Familie verließ, wegen einer neuen Liebe, die er im Sommer zuvor auf einer ehemaligen Seidenfarm bei Apt kennengelernt hatte. Und weil diese junge Frau, Jeanne Mathieu, die, obwohl ebenfalls verheiratet und Mutter zweier Kinder, offenbar schon eine kurze Affäre mit dem Dichter Réne Char hatte, ihn, Nicolas, den Maler, nach einigen leidenschaftlichen Wochen auf Lou Roucas von sich weist, stürzt dieser sich am 16. März 1955 aus dem Fenster seines in Antibes gemieteten Ateliers.

Als ich Madame Gaby besuche, die im Haus meiner Vermieter lange nach dem Rechten sah, schon als Tante Eliane, die Organistin, dort noch lebte, dreht sich unser Gespräch allerdings weder um das tragische Ende von Nicolaus de Staël noch um den Alltag seines Sohnes Jérôme. Und auch nicht um das Ableben von Françoise de Staël, der zweiten Ehefrau des Malers, die von dessen Selbstmord durch einen Brief erfuhr und ursprünglich nicht nur die Englischlehrerin von Antoine Tudal war, dem Sohn von de Staëls erster Ehefrau Jeannine Gouillou, sondern auch Model – und diese Beschäftigung wieder aufnahm ihm Alter von vierundsiebzig Jahren! Zwar nicht mehr auf dem Laufsteg für Patou und Givenchy. Aber als Gesicht für Hermès und für eine Mineralwassermarke. Auf Plakaten in ganz Paris.

Vielleicht hat auch Madame Gaby die Künstlerwitwe dort gesehen – beim Zwischenstopp auf einer ihren vielen Reisen. Um diese dreht sich unser Gespräch hauptsächlich. Und ums Essen. „Wollen Sie nicht vielleicht einen kleinen Aperitif?" Ich lehne dankend ab (es ist erst viertel vor elf am Vormittag), frage dafür aber nach typischen provenzalischen Winterrezepten – *„barrigoule, civet, ragout de gibier, pot au feu, pieds en paquets, une daube; voila"* – und erzähle von der Feigenmarmelade, die Madame Loiret eingekocht hat, von meiner *tarte aux figues*, von den Mandeln und Walnüssen, die ich aufgesammelt habe. „Die Schalen waren sicher leer, es war für alles viel zu trocken dieses Jahr", wirft Madame Gaby ein. *„Je n'aurais sûrement aussi pas de truffes cette année"*, sicher werde sie diesen Winter auch keine Trüffel haben. Sonst gäbe es immer ein paar *„dans mon jar-*

din". Trüffel im eigenen Garten? *Oui, oui.* Aber diesmal sei der Mai-Regen ausgeblieben. Daher werde es wohl nichts mit den *rabasses.* „Manche Leute setzen ja Tröpfchenbewässerung ein für ihre Trüffeln." Sie nicht.

Ob ich denn wisse, warum die Trüffeln im Provenzalischen *rabasses* heißen, fragt Madame Gaby dann noch. „Weil man sich ziemlich bücken und in die Knie gehen muss, *rabaisser,* um die Dinger mit der *fouji,* der Hacke, und dann mit den Händen aus der Erde zu holen. Manche Knollen liegen nicht nur zwanzig Zentimeter, sondern einen Meter und noch tiefer unter der Oberfläche." Aha. Und wie lässt sich die kostbare *mélano* unterscheiden von der minderwertigeren *brumale? „Avec l'ongle."* Mit dem Fingernagel? „Ja, man muss nur ein wenig kratzen an der Knolle." Wenn auch die zweite Schicht unter der obersten Trüffelhaut braun sei, handele es sich um die echten *mélanos.* Lasse sich die Haut abziehen wie bei einer Kartoffel und sei es darunter hell, handele es sich um die *brumale ...* Welche Sorte sich bei ihr im Garten unter den Eichenbäumen verbirgt, verrät Madame Gaby allerdings nicht.

Von den weißen Sommertrüffeln, daran lässt die passionierte Köchin indes keinen Zweifel, hält sie ebenso wenig wie von den „grauen" Feigen; also jenen, die in unserem Hause zu Marmelade und Kuchen verarbeitet wurden. Und von denen ich gern immer wieder auch eine in den Mund steckte. Zugegeben: Die *figues noires,* die schwarzvioletten, mit denen ich auf dem Markt von Coustellet und als Geschenk meiner Vermieter Bekanntschaft machen durfte, sind eine Spur köstlicher ...

Ich erzähle Madame Gaby von einer Einladung, die ich vor einigen Tagen per E-Mail bekommen habe: zu einem *Week-End Truffe,* wie in schönstem Franglais formuliert war, in einem Hotel in Crillon-le-Brave, in dem ich einmal Gast war vor vielen Jahren. Danach will ich ihr noch von einem meiner früheren Besuche auf dem Trüffelmarkt von Carpentras berichten, wo auch viele Sternköche kaufen, und von jenem in Richerenches.

„Ah, *les truffes de Richerenches, ça vient un peu de partout"*, kommentiert mein Gegenüber ein wenig spöttisch. Ja, sage ich, ich erinnere mich, die „Produzenten" kamen tatsächlich teils von weither; aus der südlichen Drôme, aus der Papstenklave und sogar von den Ausläufern des Mont Ventoux. Unter den alten Platanen des Ortes schlenderten sie ein wenig umher, ihre Ware, oft noch von einer Erdkrume umhüllt, verborgen in einer Sporttasche oder einer gebrauchten Plastiktüte, in die man bei Interesse einen Blick werfen durfte. Die Hauptkäufer, meist Großhändler, standen mit ihren Autos am Straßenrand, hatten sich vor der geöffneten Kofferraumtüre postiert. Mit Kennerblick mustern sie den Taschen- oder Tüteninhalt. Bei Gefallen wurde er mit einer Handwaage abgewogen; flüsternd verständigte man sich über den Preis, oft im Schutz eines Bistros oder Cafés.

Diskretion ist Ehrensache, lautes Marktgeschrei gibt es nicht, hatte mir später einer der *truffiers* erzählt. Gezahlt wird nur in bar. Das Kilogramm kostet gut und gern fünfhundert Euro; mitunter auch das Doppelte. Oft mehrere hundert Kilo wechseln an den winterlichen Markttagen den Besitzer – ein leises Geschäft. Ganz anders als beim „Ban de Truffes", dem festlichen Auftakt zur Trüffelsaison am dritten Wochenende im November. Statt Stille erfüllen die Gassen dann Musik und Gesang, es gibt einen farbenfrohen Umzug, eine Messe in der Kirche, die *cavage* mit Trüffelhunden, Vorträgen, Lesungen, das große Trüffelomelette-

Essen im Salle des Fêtes und Straßenstände mit allerlei Köstlichkeiten ...

Den Auftakt zur Trüffelsaison feiern auch die Ménerber, so lese ich ein paar Tage später im Gemeindebulletin. Na dann ... In diesem Jahr steht bei mir Ende November allerdings auch noch ein anderes Projekt im Kalender: „Willkommen bei Ihnen" heißt es. *Bienvenue chez vous!* Eine Zeitungsüberschrift, die meine Neugierde weckte. *„Sortez des sentiers battus et devenez les ambassadeurs de votre région en profitant d'offres exceptionnelles"*, fordert und verheißt die Unterzeile des Artikels in „La Provence", die ich wie immer zu meiner morgendlichen *noisette* im Fortschrittscafé lese – inzwischen nicht mehr auf der Terrasse, sondern am mittleren der drei Gästetische (am letzten steht der Aschenbecher für die Raucher) oder auf dem zur Fensterfront zeigenden Sofa, Seite an Seite mit dem kleinkindgroßen Teddybären, der dort seinen Ganzjahresstammplatz hat, welchen er nun allerdings häufig mit der elfenbeinfarbenen Katze teilen muss, da diese ihren (und meinen) sommerlichen Sonnentisch nun, wie auch ich, als zu kühl befindet. Überdies ist er häufig nass vom Regen.

„Sortez des sentiers battus ..." Natürlich möchte ich die ausgetretenen Pfade „meiner" Region verlassen, ihr Botschafter werden und von den außergewöhnlichen Angeboten profitieren, die mir Michel Vauzelle und seine Mitstreiter machen. Der Président de la Région Provence-Alpes-Côte d'Azur lädt auch diese Jahr wieder alle Bewohner des in sperrigem Verwaltungsfranzösisch PACA abgekürzten Gebietes zwischen Nizza, Marseille und Montélimar ein, hinter die Kulissen ihrer Heimat zu schauen. Auf dass sie dort Neues entdecken und potenziellen Gästen – seien sie nun aus der eigenen Familie, aus dem Freundeskreis oder zah-

lende Urlauber – mehr als die üblichen Sehenswürdigkeiten präsentieren.

Ich lade mir also das Programm von Monsieur Vauzelles Aktion „Willkommen bei Ihnen" (Warum nannte er sie eigentlich nicht Willkommen bei uns?) aus dem Internet herunter und melde mich auch gleich auf der bienvenue-chezvousregionpaca-website an. Bis Ende des Monats stehen mir damit noch – gratis oder deutlich vergünstigt – Türen offen, die ansonsten meist verschlossen sind: in Schlössern, Mühlen, Destillerien, auf Weingütern und Bauernhöfen. Auch private Gärten öffnen ihre Pforten für alle, die den *Bracelet-PASS*, also das Willkommen-bei-Ihnen-Armbändchen, tragen, welches mir der Postbote tatsächlich schon zwei Tage später in einem Umschlag durch die Stäbe unseres Hoftores reicht. Nun muss ich mich nur noch entscheiden, ob ich hinter die Kulissen irgendwelcher Betriebe schauen will oder eher eintauchen möchte in das *patrimoine*, also in das (sozial)geschichtliche Erbe der Region. Ob ich das Thema Natur wähle oder mich für gaumenorientierte Exkursionen entscheide. Und ob ich mich hinaufwagen möchte bis in die Hautes-Alpes, nach Gap etwa, oder zumindest in die Alpes de Haute-Provence, nach Digne-les-Bains vielleicht und Moustiers-Sainte-Marie.

Angesichts des bedeckten Himmels und der Regentropfen, die auf die Steinplatten meiner Terrasse prasseln, sowie der Ankündigung eines übellaunigen Petrus in den nächsten Tagen – *maussade, perturbé* – beschließe ich, zunächst im Vaucluse zu bleiben, zum Willkommen vor der Haustüre sozusagen. Eventuell schaue ich mir dann noch die eine oder andere Adresse in der Bouche du Rhône an; ich will und muss ja sowieso in den nächsten Wochen nach Marseille, um meinen Umzug vorzubereiten. Denn ab Januar werde ich in der Kulturhauptstadt 2013 wohnen; für zwei Monate oder drei, bis der Winter seinen Griff wieder lockert im Luberon.

Die Loirets haben mir kräftig zugeraten zu dieser Idee – auch sie schließen meist Mitte Dezember in ihrer Wohnung die Läden, drehen das Wasser ab und flüchten bis März in wärmere Gefilde. „Zumindest in besser beheizbare Mauern", schmunzelt Monsieur. Die Enkelkinder in Paris freuen sich schon, mit Opa und Oma Weihnachten zu feiern. Aber zuvor stehen noch ein paar andere Termine an. Bei mir unter anderem der Bienvenue-Chez-Vous-Ausflug. Ich verabrede mich dazu mit meiner Nachbarin zwei Häuser weiter. Sie war schon im vorigen Jahr mit von der Partie bei dem Projekt und hat auch für dieses Jahr wieder ihren *Bracelet-PASS* bestellt.

Bei Tee und Mandelkeksen beratschlagen wir. „Aix – Camps des Mille? Das Memorial des Internierungslagers, in dem zunächst ausländische Exilanten wie Lion Feuchtwanger, Hans Bellmer, Max Ernst, dann Résistance-Kämpfer und schließlich jüdische Häftlinge vor dem Abtransport nach Drancy und Auschwitz eingesperrt waren, wurde gerade erst eröffnet, im September." Oje, Konzentrations- und Deportationslager gepaart mit der Tristesse des Novembers ... „Lass uns das lieber verschieben aufs Frühjahr." „Wie wär's dann mit der Bastide du Jas Bouffan von Cézanne, seine Bilder sprühen doch vor Farbe?" Auch eher ein Ziel für die helleren Monate des Jahres, denke ich. Wie Aix überhaupt. Aber die Idee mit den Farben gefällt mir. „Dann auf zu Pébéo", beschließt die Nachbarin. „Pébéo?" – „Ein Farbenhersteller in der Nähe von Marseille. Familienbetrieb, schon 1919 gegründet; viele Künstler benutzen die Produkte." *Entendue!* „Es gibt aber ein Problem, der Besuch ist nur unter der Woche möglich. Und wenn wir selbst mit Farben arbeiten wollen, bleibt nur der Mittwochvormittag. Warte, ich schau schnell in meinen Kalender." *Mercredi* – mir passt das bestens. Meiner *voisine* auch. „Wir fahren mit meinem Auto, per Bus ist das zu kompliziert. Da verlieren wir zu viel Zeit." Das leidige Problem des *transport public*. Ich gestehe, dass ich die Vorzüge gelegentlicher Pkw-Benutzung genieße, egal ob mit Freunden, Nachbarn, meinen Vermietern oder *der co-voiturage*.

Der Pébéo-Tag beginnt mit Mistral. Ein wunderbar klarer Auftakt zu unserem Farb-Abenteuer. „Eigentlich sollte man bei so einem Wetter eher was draußen machen", murmelt die Nachbarin zur Begrüßung. Offenbar kann sie Gedanken lesen! „Wir haben uns doch sowieso nicht verbindlich angemeldet – oder?" „Nicht, dass ich wüsste ..." Also kein Glas-, Keramik-, Stoff-Experiment mit Pigmenten oder was auch immer. Sondern natürliches Herbstgold und frische, kalte Luft in der Nase. „Ich hole rasch meine Wanderschuhe!", rufe ich und laufe schnell zurück nach Hause. Spontane Entscheidungen sind oft die besten. „Wohin willst du?" – „Keine Ahnung. Mach doch ein Bienvenue-vor-der-Haustüre mit mir, dann müssen wir nicht so lange fahren." – „O.k., dann auf nach Apt und zum Colorado du Rustrel."

Auf der Place de la Bouquerie von Apt, im „Café de Gregoire", so erzählt mir Estelle unterwegs, geben sich am Samstag zur Mittagszeit immer die britischen Expats ein Stelldichein. (Ob den wohl weitgehend dem anglikanischen Glauben anhängenden Engländern klar ist, dass Apt schon im Mittelalter eine Hochburg des Katholizismus inmitten seiner protestantischen Umgebung war?) Mittwochmorgens indes sieht der Platz – der am Wochenende, wie ich weiß,

stets Teil ist des großen, schon seit dem 16. Jahrhundert ver-
brieften Marktes und unter dessen oft mehr als dreihundert Händlern in diesen Wochen bereits eine Handvoll mit
frischen Trüffeln ist – fast aus wie auf den nostalgischen
Schwarz-Weiß-Postkarten mit dem Jahresdatum 1911.

„Um 1900 begann für Apt ja eine neue Blütezeit; das
weißt du ja sicher?" Ein wenig weiß ich tatsächlich noch
über die Geschichte der *cité julienne,* jener auf Geheiß von
Julius Cäsar gegründeten Colonia Apta Iula Vulgentis an
der wichtigen Verbindungsstraße Via Domitia. Apt war das
Pendant zu Orange, es gab ein Forum, einen Triumphbogen,
das Capital, mehrere Tempel, Thermen und ein Theater.
„Die Thermen liegen unter der Unter-Präfektur; und in der
Nähe der Kathedrale ist noch der römische Straßenverlauf
erhalten, also die Hauptachsen Cardo und Decumanus."
Aha. Ich erinnere mich hauptsächlich an die Kathedrale
selbst – Anna von Österreich flehte hier bei den Reliquien
der Heiligen Anna um Nachwuchs – und an die legendären kandierten Früchte …

„Überreichten nicht schon im Mittelalter die Konsuln
von Apt dem Papst kandiertes Obst?" „Du meinst sicher die
Begebenheit um Urban V., als er zu Besuch war in der Stadt,
um sich am Grab seines Schirmherrn Elzéar de Sabran,
Compte d'Ariano, zu sammeln?" Mag sein, die Details weiß
ich nicht mehr. „Aber die ‚süße' Beziehung zwischen Avignon und Apt begann schon viel früher. Bereits im Jahr 1348
ernannte Papst Clemens VI. den Apter Confiseur Auzias
Maseta zum *excouyero in confissarias,* also zum Confise-
rien-Junker. Und diese Belobigung geht wiederum wohl zurück auf ein Ereignis kurz nach der Wahl von Clemens VI.,
als dieser von Kardinal Annibal de Ceccano in dessen Resi-
denz in Isle-sur-Sorgues empfangen wurde. Zum Abschluss

des Festmahls gab es, das wissen wir dank der Aufzeichnung eines Florentiner Chronisten, der bei dem Bankett der Kirchenherren zugegen war, ein Konzert. Und dann, so schreibt der Italiener, brachte man zum Dessert zwei Bäume herein. Einer schien ganz aus Silber, garniert mit goldenen Äpfeln, Birnen, Feigen, Pfirsichen und Trauben. Der andere, grün wie Lorbeer, hing voller bunter kandierter Früchte." So detailliert kannte ich die Geschichte bislang nicht.

„Sicher weißt du dann auch, wie das mit Nostradamus war und seinem Traktat?", frage ich hin in Richtung Beifahrersitz. „Ja, in ,Le Traité des fardements et confitures' erläutert er genau, wie man kleine Zitronen kandiert und Birnen und ganze Orangen, außerdem wie man Quittenpaste macht, Kandiszucker herstellt, Sirup und Marzipantorte." Und ich dachte immer, der Mann sei bloß Arzt und Apotheker gewesen, mit Interesse an Astrologie und prophetischen Gedichten ...

„Hör mal, wenn du so versessen bist auf die *fruits confits*, dann mache ich dir einen Vorschlag: Auf dem Rückweg halten wir noch mal an in Apt und kaufen eine Schachtel von diesem Zuckerobst; vielleicht bei der Confiserie Richaud, das sind die Ältesten unter den verbliebenen handwerklichen Produzenten. Und wenn noch Zeit ist, kannst du ja ins Musée de l'Aventure Industrielle schauen, da gibt es ganz viel Information rund um die Geschichte und Produktion der kandierten Früchte. Zum Beispiel kannst du da Bilder sehen von der ersten Fabrik von 1864, die noch mit Dampf betrieben wurde, und wie um 1900 quasi fließbandmäßig kandierte Kirschen in tönernen Gefäßen gelagert wurden. Außerdem sind in einem der Räume auch für uns heute recht kurios anmutenden Gerätschaften wie eine Melonenschälbank oder ein früher großer Kirschentsteiner ausgestellt ..." Einverstanden, liebe Nachbarin. „Und jetzt weiter nach Rustrel!"

„In den Ort gehen wir später", befindet meine Chauffeurin und steuert zügig weiter auf der D 22 geradeaus. Kurz nach der „Réserve du Rustrel" biegen wir rechts ab, überqueren das Flüsschen Doa und folgen der Beschilderung zum Camping du Colorado. „Wir machen nicht die Tour bei Bouvène, die ist oft ziemlich überlaufen", erklärt Estelle, als sie meinen fragenden Blick auffängt, „sondern parken beim Campingplatz und starten von hier auf die gelbe Route. Vier bis fünf Stunden brauchen wir für die Tour – ist das o.k. für dich?" Nun ja, wir haben gefrühstückt in Apt, in unseren kleinen Rucksäcken stecken jeweils ein wenig Obst und eine Wasserflasche; das müsste reichen. Ich greife noch rasch nach meinem auf der Rückbank liegenden Regenschutz und packe ihn dazu – allerdings hoffend, ihn nicht zu brauchen. (Als ich vor Jahren mit einem Fotografen die kleine Runde von Bovène aus zu den „Cheminées des Fées" ging, den steilen Feenkaminen, in die weite „Sahara", zur „Cascade" und zu den zackigen oder von der Witterung rundgeschliffenen Felsnadeln des Colorado Provençal, zog mit einem Mal ein Gewitter auf, dessen schwarzes Dräuen und Wüten zwar einen wunderbaren Kontrast zum Ockerton des bizarren Gesteins bildete, uns aber bis auf die Haut durchnässte, da wir, ob der frühsommerlichen Temperaturen, unsere Gummi-Jacken im Auto gelassen hatten ...)

„Wir haben ungefähr zwölf Kilometer zu gehen; aber ohne nennenswerte Schwierigkeiten. Dafür ist die Tour sehr abwechslungsreich und bietet einige fantastische Ausblicke", lockt meine Begleiterin. „Wir müssen nur darauf achten, ausreichend Abstand von den Abbruchkanten der

Ockerbrüche zu halten. Und manchmal sind Wege gesperrt, das heißt, wir müssen dann eben die ausgeschilderte ‚Umleitung' gehen. Beim vorigen Mal waren gleich drei Stellen unpassierbar."

Sentier des Blaces steht auf dem kleinen Schild, dem wir vom Parkplatz aus folgen. Durch ein Kiefernwäldchen geht es stetig bergauf. Immer wieder entdecken wir die gelbe Markierung, darunter aber auch oft noch Spuren der alten blauen. Oder orangefarbene Punkte. „Ockerhöhlen?" – „Nein, Pferdewanderweg", lacht Estelle. Bald bietet sich uns linkerhand der erste Blick auf einen Ockerbruch. Nach rund einer halben Stunde und einer Serpentine mit zwei Kehren entdecken wir das hölzerne Hinweisschild der *Commune de Rustrel*. Nun folgen wir der gelben Markierung bergab. Zur Rechten dann die Abbruchkante eines weiteren Steinbruchs – mit überwiegend weißem Gestein. Darüber ein fantastischer Blick in Richtung St. Saturnin. Weiter bergab; nun beginnt eine Schotterpiste um ein großes Lavendelfeld. Wir verlassen sie bald wieder, kommen zu einem alten Waschhaus.

„Kleine Pause am Teich gefällig?" Wenn, dann nur zum Schauen! Und für einen Schluck aus der Wasserflasche. Müde bin noch lange nicht (habe schließlich Jogging-Kondition). Beim Hydranten geht es wieder steil bergan. Nach der Steigung folgt der Weg einer alten Steinmauer – „schau, rechts, das ist Caseneuve" –, dann geht es unter der Stromleitung hindurch und wir erreichen La Croix de Christol. *„Repos!"* – befiehlt die private Wanderführerin. Die Mittagssonne lacht; wir setzen uns auf unsere Regenjacken, beißen in unsere knackigen Äpfel und freuen uns über die ungestörte Rast. Nach einem guten halben Stündchen heißt es dann: „Wir gehen weiter in Richtung Istrane." Gut, wenn man einen Ortskundigen an seiner Seite hat – denn jetzt gibt es zwei Wege mit gelber Markierung ... Nach reichlich steilem Hinab sehen wir rechts dann den *colorado provençal*. Beim Croix de Muset sagt meine Begleiterin: „Hier konnte man früher direkt abbiegen zum Camping du Colorado; aber wie du siehst, ist der Weg jetzt gesperrt. Wir müssen daher noch eine Schleife gehen, über die Doa und dann parallel zu ihr."

Zur *pause de quatre heures* sind wir zurück in Ménerbes, müde, glücklich, hungrig. Nach unserer Wanderung waren wir noch kurz durch die Gassen von Rustrel gebummelt; bis zum Schloss. In Apt habe ich dann zwei Schachteln *fruits confits* gekauft (vielleicht naschen ja meine Vermieter auch ganz gern) und mich ein halbes Stündchen durch das Museum des industriellen Abenteuers gestaunt. Nun will ich eigentlich nur noch irgendwo sitzen und eine Kleinigkeit essen ... Alles ist ruhig im Dorf an diesem Novembernachmittag; wir sehen weder Menschen noch Autos auf der Straße. „Warte", bitte ich meine Mitwanderin, „ich bestelle in der Épicerie nur rasch mein Croissant für morgen früh."

Schon beim ersten Schritt in den Laden sehe ich: O Wunder, heute gibt es tatsächlich noch ein *petit pain au chocolat* und eine Rosinenschnecke. „Man steckt nie drin, ob man alles verkauft", sagt die blonde der beiden Laden-Betreiberinnen. Auch fünf *baguettes* stehen noch im Körbchen hinter der Theke – obwohl Bäcker Roche doch mit der ganzen Familie verreist ist seit Samstagnachmittag. Jedenfalls ist unsere Vier-Uhr-Pause mit den beiden vom Morgen noch übrig gebliebenen Gebäckstücken gerettet, und wir gönnen uns dazu einen großen *café au lait* – ausnahmsweise mal nicht im „Le Progrès" bei Monsieur Patrick (einem Bretonen mit armenischen Wurzeln, wie ich inzwischen erfahren habe, und einer Frau, von der es hieß, sie sei Portugiesin, die aber auf meine Bestellung in ihrer angeblichen Muttersprache nur mit verständnislosem Kopfschütteln reagierte und erst, als ich meinen Wunsch auf Französisch wiederholte und gleichzeitig ihre neue Frisur lobte, freudig und lange mit mir wieder zu plaudern begann). Nein, heute erhält den Zuschlag Françoise, die sich erst kürzlich mit ihrem Snack-Lokal selbstständig gemacht hat nach langen Service-Jahren in einem Hotel; ihre Pizza sei köstlich, hatte mir Madame Mireille versichert.

Durch die große Ladenscheibe von Françoise bietet sich die beste Aussicht auf die noch immer menschenleere und autofreie Rue Poncet. Bis irgendwann das Motorschnurren eines großen weißen Kastenwagens die Stille durchbricht und dieser das Schaufenster des Croc'In für einen Moment verdunkelt. „Jean-Pierre", kommentiert meine Nachbarin. Ich weiß, der Künstler, der sein Atelier gegenüber vom Bäckerladen hat. Ich habe ihn schon mehrfach besucht dort, in meinen ersten Tagen. Dann hat er mir öfter die Zeitung überlassen im „Le Progrès". Inzwischen plaudere ich öfter bei einem *petit café* mit ihm. Denn jetzt hat er Zeit, ist „frei", wie er sagt, *libre*, um mit seinem Rennrad noch ein letztes Mal vor dem Winter auf den Mont Ventoux zu fahren. Oder ausgiebig zu wandern. Im Frühjahr dann lege er wieder los mit der Produktion seiner Bilder ...

Dezember
Musen und kleine Heilige

Heute Morgen kann ich mein Dorf nicht sehen. Der Blick aus dem Badezimmerfenster dringt kaum durch den Nebel. Als ich die Terrassentür öffne, schlägt mir Kälte entgegen. Die Temperatur scheint um fast zwanzig Grad gefallen. Also Pullover und Jacke anziehen für den Tagesauftakt im Café. Außerdem ist Markttag. Allerdings verdient er seinen Namen inzwischen kaum mehr. Höchstens noch vier, fünf Händler stehen auf dem großen Parkplatz gegenüber vom alten Waschhaus; mit Käse, Fisch, ein wenig Gemüse. Der Teppichverkäufer fehlt ebenso wie der Mann mit den Boule-Kugeln. Nur die Schmuckdame – bald ist Weihnachten! – sitzt tapfer dick in eine Decke eingemummelt auf ihrem Campingstuhl hinter der samtbespannten Holzplatte mit ihren filigranen Kreationen. Und vor der Épicerie parkt die Klapptheken-Camionette des *boulanger mobile*. Natürlich steht Monsieur Louis davor – Lou nennen ihn die alteingesessenen Ménerber –, den üblichen, dünnen, hellbraunen Zigarettenstängel zwischen den Fingern haltend. Den wöchentlichen Austausch mit einem „Kollegen" lässt sich der pensionierte Ortsmetzger nicht entgehen.

Im „Le Progrès" sitzen am Rauchertisch zwei junge Mädchen vor ihrem großen Milchkaffee; unter ihren knappen Röcken tragen sie dicke Strumpfhosen, die Füße stecken in hohen Stiefeln. Den Oberkörper haben beide in grobe Strickjacken gewickelt. Die Dame, die am Metzgerstand ihre Bestellung aufgab, trug bereits Daunen. Und die kreidehandschriftlichen meteorologischen Fantasien auf der Schiefertafel neben der Galerie, verantwortet von den Restaurantbetreibern gegenüber, entbehren inzwischen jeglichen Witzes. *„Chute de neige abondante, piste de ski ouverte, location de luge à la Mairie, –32°."* Im September noch lachten die Touristen über die kuriosen, fast täglich wechselnden Wettervorhersagen; fotografierten sie sogar. Kräftiger Schneefall – ha, ha. Skipiste geöffnet. Tzzzz. Rodelverleih im Rathaus; hi, hi. Wo wir doch noch im T-Shirt umherspazieren …

Jetzt, da die Fremden ausbleiben, da Fenster und Türen der Ferienhäuser und Zweitwohnsitze meist schon verrammelt sind, jetzt, da der Winter bereits seine Vorboten aussendet, bleibt die *Météo*-Tafel unverändert. Es lohnt sich wohl nicht mehr, sich neue Prognosen auszudenken, die einen möglichst krassen Gegensatz zu den tatsächlichen Witterungsverhältnissen bilden. Von den Einheimischen amüsiert sich sowieso kaum einer über die Sprüche. Ebenso wie man jene, die immer wieder an der Fassade des Häuschens an der Rue du Vieux Portail prangen, in der Regel geflissentlich ignoriert. Dabei haben sie mitunter durchaus philosophischen Charakter: *Peu n'est pas grande chose – mais par rapport à rien, c'est déjà quelque chose.* Eine Kalenderweisheit sicherlich; aber der Satz klingt einfach schön. Und im Deutschen? „Wenig ist keine große Sache, aber im Vergleich zu nichts doch etwas."

Madame Loiret gefällt das Zitat, von wem immer es auch stammen mag. Ich mag auch dieses: *Nul se perd sur le chemin droit.* Nichts geht verloren auf dem geraden Weg. Persönlich schätze ich allerdings eher die krummen Pfade. Wie bei den beiden wohl berühmtesten Frauen des Dorfes führen sie oft zu überraschenden Zielen. Wobei Dora Maar

und Jane Eakin keineswegs freiwillig ihre bisherige Lebens-
route verließen. Die Amerikanerin, so lese ich in einem Magazin, versuchte in Ménerbes, den Geigenvirtuosen Isaac
Stern zu vergessen. Sie verwandelte ihren Schmerz über
den Verlust dieses Mannes, mit dem sie zu seinen Konzerten durch die Welt gereist war, in lichte, zartfarbene Gemälde. Ihr langjähriger Pariser Künstlerfreund Joe Downing
hatte ihr nach der abrupten Trennung vorgeschlagen, sie in
seinem neuen Haus im Süden zu besuchen. Bald erwarb sie
ein eigenes in seiner unmittelbaren Nachbarschaft; nahm
an einer privaten Kunstschule in Lacoste die bereits in New
York ausgeübte Lehrtätigkeit wieder auf. Seit ihrem Tod
2002 ist Jane Eakins Haus in der Rue Sainte-Barbe nicht
nur eine Stätte der Erinnerung an ihr Leben und Schaffen
im Dorf, sondern immer auch wieder Ort kultureller Ver-
anstaltungen. Wie La Maison de Dora Maar...

Picasso hatte Dora, seine langjährige Muse und Gelieb-
te, in Ménerbes quasi aufs Abstellgleis zu schieben versucht.
Sie war damals siebenunddreißig, er Mitte sechzig – und
die junge Françoise Gilot längst seine neue Lebensgefährtin. Auf einem Foto zeigt der Maler Dora das Haus, welches er für sie im Dorf erworben hat; ein dreigeschossiges,
ziemlich heruntergekommenes Palais aus dem 18. Jahrhundert; einst im Besitz eines gewissen Louis-Benoît Robert,
seines Zeichens napoleonischer General und Baron. Angeblich tauschte Picasso eines seiner Bilder dafür ein. Bis
heute hängt Dora Maars Porträt in einem der unteren Fenster. Denn obwohl sie anfangs noch öfter hinaufreiste nach
Paris, wurde Ménerbes allmählich das neue, stetige Zuhause der ehemaligen Fotografin, die sich Picasso zuliebe der
Malerei zugewandt hatte.

Fast vier Jahrzehnte lebte die wohl einflussreichste von

Pablos Gefährtinnen noch in dem Palais am Nordhang des Dorfes; erneut der Fotografie zugewandt, häufig den ganzen Tag unterwegs mit ihrer Vespa auf der Suche nach Motiven; zumindest in der ersten Zeit. Picasso kam ein, zwei Mal zu Besuch, auch mit Françoise; den Toilettendeckel, so heißt es, habe er bemalt. So mancher Ménerber, der in den Vierziger-, Fünfzigerjahren ein Schulkind war, erinnert sich noch gut an diese Zeit; der Sohn des Schmieds fotografierte sogar heimlich Picasso in kurzen Hosen beim Gang ins Dorf.

Manchmal hatte Dora Maar auch andere Gäste; zwei Sommer lang begleitet sie der mit ihr befreundete homosexuelle Schriftsteller James Lord nach Ménerbes. Die letzte Begegnung mit Picasso, so lese ich in einem der zahlreich im Regal meines Apartments vorgefundenen Bücher, findet auf dem Château de Castille statt, in Argilliers. Schlossherr Douglas Cooper, Galerist und selbst Besitzer einer beachtlichen Sammlung moderner Kunst, hatte den Maler, der auf dem Anwesen für ihn eine Galerie gestaltet hatte, vom bevorstehenden Besuch Doras in Kenntnis gesetzt. Acht Jahre hatte sich das einstige Paar nicht gesehen; Picasso war inzwischen von Françoise verlassen worden. Er versuchte Dora zu überreden, statt mit Lord am Abend mit ihm weiterzufahren – inklusive Übernachtung im Heu. *„Je suis venue avec James"*, soll sie geantwortet haben auf den Vorschlag ihres Ex-Geliebten. Danach sahen die beiden einander nie wieder.

„Ich habe Dora Maar leider nur ein einziges Mal gesehen", bedauert Brice Toul. „Zwar erfuhr ich schon in meinem ersten Sommer in Ménerbes, dass sie hier wohnt; sie stand sogar im Telefonbuch. Aber es gelang mir nicht, sie zu erreichen", erzählt der Fotograf, der 1988 sein Atelier am

Aufgang zur Rue de Maupas eröffnete, schräg gegenüber vom „Le Progrès", kaum einen Steinwurf entfernt vom Haus der Dora Maar. „Als Schüler sah ich ein Bild von Picasso in einer Ausstellung in Isle-sur-Sorge. Es war die Reproduktion eines Porträts einer weinenden Frau; ich fand es ziemlich linkisch", erinnert sich Monsieur Brice, der mich wiederum in seinem treffenden Urteil, in seiner Statur und in seinem bescheidenen Wesen an einen mir einst sehr nahen Fotografen erinnert. Die Weinende mit dem Kopf- und Taschentuch indes war niemand anderes als Dora Maar. In seinem dritten Jahr in Ménerbes – „ich hatte die Idee, Dora Maar zu fotografieren, schon fast aufgegeben" – zeigt sich die sonst zurückgezogen in ihrer Ruine lebende, kaum noch kommunizierende Künstlerin eines Tages überraschenderweise.

„Ich war mit einem Freund unterwegs, dem ich das Dorf zeigen wollte. Als wir um die Ecke bogen zu ihrem Haus, stand sie plötzlich im Rahmen des rechten Fensters im ersten Stock. Wir grüßten hinauf, und ich wagte sie anzusprechen, mit Worten, die auf die Distanz sicher recht taktlos klangen: Ich sei Fotograf, wohne nur ein paar Schritte von ihr, sei jung verheiratet und fände das Dorf superbe, deshalb sei ich hierher gezogen ... Zunächst hörte Dora Maar reglos zu. Allmählich jedoch entspann sich ein Dialog. Ich erzählte also von meinem Ausstellungsprojekt mit Künstlerporträts; nannte Namen. Wir hatten gemeinsame Bekannte. Nun schlug ich ihr vor, mir doch auch Modell zu sitzen. Sie wechselte rasch das Thema. Ich hatte aber das Gefühl, dass sie durchaus gewillt war, unsere Unterhaltung fortzusetzen. Leider wusste ich aber einen Moment lang nichts zu sagen. Ungeschickt brach ich schließlich das Schweigen mit der Wiederholung meiner Frage nach der Möglichkeit, sie zu porträtieren. Ohne ein weiteres Wort schloss sie die Fensterläden. Ich hatte meine Chance vertan!"

Brice Touls Atelierfenster steht immer ein wenig offen. Aber er nutzt die Räume nicht mehr. Dennoch ist die Geschichte des Fotografen, der beinahe Dora Maar fotografiert hätte, keine mit einem schlechten Ende. Denn einige Monate nach dem Ableben der Künstlerin schlagen die neuen Eigentümer ihres Hauses Brice Toul vor, ein Buch über die Verstorbene zu illustrieren. „Natürlich willigte ich ein!" Endlich öffnete sich ihm nun doch noch das Portal über dem schiefen Treppenhalbmond in der Rue du Portail-Neuf.

„Das Haus war in einem Zustand, dass ich, jedes Mal, wenn die Tür aufging, den Eindruck hatte, im Himmel zu sein", erinnert sich Monsieur Toul. So gleichmäßig verteilte sich das Licht in den Räumen, dass es ihm fast unmöglich gewesen sei, die Möbel und den Krimskrams von den Wänden zu unterscheiden. „Abgesehen von den scharfen Gerüchen – nach Feuchtigkeit, Ruß, Salpeter – und von der Begegnung mit Asseln und Kakerlaken tauchte ich durchaus mit Vergnügen ein in den altmodischen Charme dieser Überbleibsel, vom gelben Salon bis zum blauen Zimmer mit den gekalkten Wänden, vom rosafarbenen Bad bis hin zum hellsten Raum, der ihr als Atelier diente. Fast wie eine Einladung zur Andacht lehnte in diesem klischeehaften Reigen ein nacktes Chassis auf zwei Obstkisten an der Wand – unter zwei zum Kreuz gefügten Latten."

Brice Toul hat seine Erinnerungen im „Bulletin Municipal", dem jährlichen Gemeindejournal von Ménerbes, öffentlich gemacht; er erzählt dort auch von seinem Gefühl zwischen Überschwang und Beklemmung bei der Arbeit in dem erbärmlichen Künstlerpalast. „Ich wollte nichts Ästhetisierendes oder Hochtrabendes inszenieren, mochte aber auch kein von Rattenkot besudeltes, kaputtes Bettgestell zeigen oder eine von gierigen Händen auf der Suche nach einem unbekannten Piccasso-Werk aufgeschlitzte Matratze."

Nichts ist geblieben von dieser *farandole d'images*, diesem Gewirbel von Bildern, wie Monsieur Toul es nennt, außer auf seinen Fotografien. Nancy Negley-Brown, die texanische Mäzenatin, welche großzügig auch für die Restaurierung der Église Saint Luc spendete und des Hôtel d'Astier de Montfaucon, hat das Haus von Dora Maar umgewandelt in eine Arbeitsstätte für Künstler. Die Brown Foundation, 1951 in Houston gegründet von Nancy Negleys Eltern und ihrem Onkel, lädt nun im Rahmen eines Stipendiums Vertreter von Malerei, Plastik, Fotografie oder Literatur jeweils zu einem dreimonatigen Schaffen nach Ménerbes ein. Einzige Bedingung: Am Ende des Aufenthaltes werden die Werke öffentlich zugänglich gemacht.

„Nancy Negley-Brown wurde vorigen Herbst von unserem Bürgermeister zum Ritter der Ehrenlegion geschlagen", erzählt mir einer der Stammgäste im „Le Progrès". Und dass *Monsieur Le Maire* immer wieder versuche, reiche Amerikaner ins Dorf zu locken, um dessen Bausubstanz zu erhalten oder wiederherzustellen. Es sei ihm, so heißt es, schon mehrfach geglückt.

Bereits Mitte der Neunzigerjahre zog der Jurist, PR-Agent und Filmproduzent – die erotische „Emmanuelle"-Trilogie geht ebenso auf sein Konto wie „Le Souper", ein Stoff aus der Napoleon-Zeit mit Édouard Molinaro als Regisseur – ins Ménerber Rathaus ein. Zuvor schon hatte der Sohn eines Marseiller Seifenherstellers, der eigentlich Maler werden wollte und als Kind seine Ferien stets im Luberon verbrachte, wie er gern selbst verlauten lässt, ein Rebterrain zu Füßen des Ortes gekauft und allmählich erweitert.

Ähnlich gingen Tench und Frankie Coxe vor. Das amerikanische Ehepaar, von dem im Ort immer wieder die Rede ist, mal respektvoll, mal ein wenig mokant, erwarb Ende der Achtzigerjahre das Hôtel La Carmejane. Das stattliche Privathaus aus dem 18. Jahrhundert hoch oben im Ort steht auf den Fundamenten des mittelalterlichen Stadtmauerrings. Eines Tages sackte ein Teil davon ab. Und mit ihm zwei enorme Felsbrocken sowie ein Drittel des Coxe'schen Gartens.

Frankie macht aus der Not eine Tugend. Inspiriert von den geometrischen, durch Felder und Haine akzentuierten Naturflächen im Tal, von den Linien des Mont Ventoux und der Monts de Vaucluse am Horizont, lässt sie neue Hangterrassen unter ihrem restaurierten Haus anlegen; bepflanzt nur mit weißen Blumensorten, Hortensien, Mohn, japanischer Anemone – „um das Auge nicht von der majestätischen Landschaft abzulenken". Hohe Zypressen, „so hoch wie möglich", bilden das Pendant zu den Höhenzügen; Steinbänder und Buchsbäume nehmen die geordneten Maße des Vallée du Coulon wieder auf. Auch einen Gemüsegarten und Olivenbäume gibt es inzwischen auf dem Terrain, um das sich zwei Gärtner, Cédric und Florent, regelmäßig kümmern. Im britischen Magazin „Country Life" war der Coxe'sche „Land-Art"-Garten auf Hochglanzseiten zu bewundern; kleine Gruppen passionierter Hobbygärtner aus aller Welt kommen seit Kurzem in den Genuss, das Anwesen persönlich in Augenschein nehmen zu dürfen.

Ob Madame Coxe – meist ist nur von ihr die Rede im Dorf, nicht von ihrem Gatten – ob Frankie also, die unter anderem auch für die Gestaltung des Jardin Joe Downing vor dem Haus von Dora Maar und des Jardin Jean Moulin neben der Postfiliale sorgte und die es schaffte, im Rahmen der von ihr finanzierten Restaurierung der Stadtmauer selbiger einen neuen Turm anfügen zu lassen, um die Mülltonnen des Viertels zu verstecken, ob jene Dame oder ihr Mann verwandt ist (und falls ja, auf welche Weise) mit Anne Cox Chambers aus Dayton, Erbin eines der größten Medienimperien Amerikas, Ex-Direktorin von Coca-Cola und US-Botschafterin in Belgien während der Siebzigerjahre, vermochte ich bislang nicht herauszufinden. Sicher ist aber, dass auch diese Dame aus Ohio, die dort 1919 das Licht der Welt erblickte, in Ménerbes ein Domizil besaß, in unmittelbarer Nachbarschaft zu jenem von Roderick Cameron, dem amerikanischen Reiseschriftsteller und professionellen Einrichter, der provenzalisches Gemäuer mit indischen Schnitzereien dekorierte und ebenso verrückt war nach Imari-Aschenbechern wie nach Fayencen aus Moustier. Wie dem auch sei: Ménerbes scheint seit Langem schon in amerikanischer Hand ...

In Marseille indes zeigt Afrika deutliche Präsenz. Menschen mit dunkler Haut und in farbenprächtigen Gewändern wandeln, mehr als sie gehen, die steile Rue d'Aix hinab, die, gesäumt von Billigläden, das Bahnhofsplateau auf deutlich bescheidenere Weise mit dem Herz der Stadt verbindet als der prächtige Boulevard d'Athènes.

Am Eck zum Cours Belsunce lockt mich jedoch eine arabische Patisserie; ein paar Schritte weiter staune ich über das Jugendstilportal des zur modernen Multimedia-Adresse umgestalteten Alcazar-Theaters – vor einem Snack-Café über einen jungen Mann, der an einem improvisierten Verkaufsstand auf dem breiten neuen Flanierpflaster ein winziges, elektronisches Koranübersetzungsgerät anpreist. „Regardez", schauen Sie, „c'est tout simple" – man lasse einfach das ovale weiße Ding über die kalligrafischen arabischen Zeichen gleiten, und schon erscheine auf seinem Display der französische Wortlaut. Wir schreiben den 23. Dezember.

Morgen bin ich zum Weihnachtsessen eingeladen bei Anne-Marie. Wir hatten nach unserer Begegnung in Ménerbes noch ein paar mal hin- und hergemailt; und als ich ihr schließlich sagte, dass ich eine kleine Wohnung gefunden habe in Marseille ab Januar, schrieb sie prompt: *Viens déjà passer Noël chez nous.* Und schwärmte mir vor vom Weihnachtsmarkt an der Place Gabriel Péri und in den Allées de Meilhan, von der Foire aux Santons, von den Krippen und von der provenzalischen Weihnachtsmesse in der Église des Réformés, oben auf der Canebière. *D'accord,* Anne-Maire; ich komme. Allerdings schon einen Tagen früher.

Für meine erste Marseiller Nacht habe ich mich eingemietet in einer kleinen Pension am Hafen, die ich von einem früheren Aufenthalt kenne, nicht weit von meinem kleinen Apartment, zu dem ich schon am 27. die Schlüssel bekomme, wie die Besitzerin am Telefon versprochen hat. Rasch stelle ich meine kleine Reisetasche im Hotelzimmer ab und spaziere dann los, hinein in die wintersonnige, wuselige Stadt. Nach einem großen Bogen lande ich erneut auf der Canebière, jener heute so herausgeputzten Straße, deren Name daran erinnert, dass Marseille einst weltweit zu den wichtigsten Handelsplätzen für Taue und Seile zählte. Und an deren Stelle einst ein Talweg das Wasser dreier Quellen sammelte, welches hinabfloss in das Sumpfgebiet am Hafen.

Kurz vor dem Vieux Port, zwischen Börsenpalast und der Rue du Paradis, stoße ich auf die Place Général de Gaulle mit der Foire aux Santons. Ein buntes Treiben herrscht auf

dem Platz, mit Musikanten und Folkloregruppen in proven-
zalischer Tracht, mit mittelalterlich gewandeten Gauklern
und menschengroßen Comicfiguren. Tanzend, trötend, Gri-
massen schneidend wuseln sie zwischen den Ständen der
santoniers umher; den Herstellern der *santons* oder *santouns*,
der kleinen tönernen Heiligenfiguren, die seit mehr als zweieinhalb Jahrhunderten fester Bestandteil der provenzalischen
Weihnachten sind.

Ein gewisser Louis Lagel, so erfahre ich im Gespräch
mit einem der fast vierzig Aussteller dieser besonderen
„Messe", gilt als Erfinder der beliebten irdenen Persönchen.
Als in den Wirren der Französischen Revolution die Kir-
chen auch im Süden des Landes ihre Pforten schlossen und
die Gläubigen somit zu Weihnachten keine Gelegenheit zum
Krippenbesuch mehr hatten, formte der Marseiller Töpfer
winzige Krippenfiguren für den Hausgebrauch. Sie fanden
reißenden Absatz. Und Monsieur Lagel sah sich bald von
einer Konkurrentenschar umgeben.

„Anfangs boten fast alle nur das klassische Trio Maria,
Josef und das Jesuskind an, ergänzt vielleicht noch um die
Heiligen Drei Könige", erzählt Thierry Deymier von Santons
Escoffier aus Aubagne. „Später kamen immer mehr Charak-
tere hinzu; Figuren aus unserem provenzalischen Alltag, der
Schäfer, der Stierhüter, die Fischverkäuferin, der Knoblauch-
händler, der Scherenschleifer, die Frau mit dem Ölkrug auf
der Schulter, die Spinnerin, der Mann, dem der Mistral den
Mantel aufweht ..." Thierry ist *sculpteur*; Monique, die ne-
ben ihm steht, *„la coloriste"*. Jedes Jahr entstehen unter den
Händen der beiden neue Santon-Kreationen; manche gerade mal zwei Zentimeter hoch; andere fünf, sieben, neun.
„Die Figuren unserer größten Kollektion messen zwölf Zentimeter."

Diesmal haben Thierry und Monique dem Sortiment ein Mädchen mit Zuckerwatte hinzugefügt, einen Steinmetz und einen Bettler, einen Matrosen mit seinem Seesack und eine Hellseherin mit ihrer Kugel, einen Buckligen – und einen rosa Flamingo. Man geht offenbar mit der Zeit, auch bei den *santoniers*; viele Familien halten den Unternehmen seit Generationen die Treue. Ich schlendere weiter, vorbei am Stand von Marcel Carbonel, entdecke die Kreationen von Jacques Flore, der sein Atelier ebenfalls in der Hafenstadt hat, und die *santouns*, von Mireille Fouque aus Aix. Letztlich zieht es mich aber doch wieder zurück zu Thierry und Monique; ich beschließe, dort eine oder zwei der Novitäten für die *crèche* von Anne-Marie und ihrer Tochter zu kaufen (gewiss haben die beiden eine aufgebaut), am liebsten den *puisatier*, den Brunnenbauer. „Sechsundfünfzig Euro." Oh, Monsieur Thierry, mit diesem Preis habe ich nicht gerechnet. Letztlich lasse ich mir die hübsche Zukunftsleserin und den Seemann einpacken; sie kosten zusammen nur die Hälfte des *puisatier*. Nun bin ich gespannt auf das Fest. Und auf das *gros souper de Noël* mit den typischen dreizehn Desserts...

Januar

Der Duft der Erinnerung

Uff – die Festivitäten sind vorüber: der *réveillon* mit dem herrlichen Feuerwerk, das wunderbare Weihnachtsessen bei Anne-Marie mit den sieben „mageren" (was meint: fleischlosen) Speisen – „als Symbol für die sieben Wunden Christi, wie du sicher weißt" – und den dreizehn Nachspeisen, „so viele wie die Teilnehmer des Abendmahls". Zum Glück handelte es sich bei den süßen Schlussakkorden des *gros souper* weder um *mousse au chocolat* noch um eine *île flottante* oder ähnlich Üppiges, sondern nur um die einst teuren „Kleinigkeiten" wie Rosinen, getrocknete Feigen, Mandeln und Haselnüsse, Zwetschgen, Winterbirnen und Äpfel, kandiertes Zitronat, Quittenpaste und Obst in Traubenmost, weißen Nougat von Haselnüssen, Pinien- und Pistazienkernen, dunklen Nougat mit Honig, *cachat* (eine Art Quark), *fougasse* (ein flacher, im Ofen oder unter Asche gebackener Kuchen) und *galette* (ein Pfannkuchen aus mit Fenchel oder Zimt aromatisierter Milch) sowie *bugnes* (Ölgebäck). Dazu hätten wir tradtionell noch Kirsch-Ratafia oder *carthagène* trinken sollen, Wein mit Schnaps ... Doch alle Teilnehmer des Festmahls, zu dem Anne-Marie wie üblich ein Gedeck mehr aufgelegt hatte – „für den Armen" –, streikten bezüglich der alkoholischen Mischgetränke und blieben beim Wein, mit dem wir schon die Zeremonie des *cachio fio* begleitet hatten, bei der vor dem Essen der Holzscheit eines Birn-, Kirsch- oder Olivenbaums, der im Laufe des Jahres gefällt wurde, angezündet wird. „Früher wurde die Asche dieses *Bûche de Noël* entweder als Schutz vor Krankheiten sorgsam aufbewahrt oder an den vier Ecken eines Feldes verstreut, um den Acker vor Unwetter zu schützen und eine gute Ernte zu gewährleisten", hatte Anne-Marie mir erklärt. Heute gibt es den Scheit auch vom Patissier als Torte ...

Die fröhlichen und besinnlichen, kleinen und großen, christlichen und profanen Feiern also sind gefeiert, der Alltag des neuen Jahres hat begonnen. In meinem neuen Zuhause.

Vieux Port Studio kitch equipée. Classe énergie: D. 280 € *hc + 80 €.* So lautete die Anzeige im Oktober in „La Provence". Eigentlich hatte ich mir das Apartment ja erst einmal nur anschauen wollen, aber dann ...

Der Fahrer des Busses Cavaillon–Marseille (zur *Gare Routière* hatten mich Madame und Monsieur Loiret mit ihrem Auto gebracht) scherzte mit jedem Passagier. Von der Großmutter in Begleitung ihres etwa zehnjährigen, stämmigen Enkelsohns will der junge Chauffeur mit den schönen schwarzen Locken, dem arabischen Teint und dem provenzalischen Akzent schelmisch lächelnd wissen, ob sie das Kind tatsächlich mitnehmen oder nicht doch lieber bei der draußen schon winkenden Mutter lassen und sich allein einen schönen Tag machen wolle. Die pakistanische Großfamilie neckt er mit der Satz: „Und wer fährt denn nun wirklich mit bei mir?" Der einzelnen Dame mit Hund antwortet er auf ihre Frage, ob er denn wirklich nach Marseille fahre, fröhlich: „Nein, da sind Sie hier falsch, ich fahre nach Nizza, wir wollen alle noch mal gern baden gehen." Und dem alten Herrn mit der kleinen Reisetasche, die dieser eigenhändig in die Transportluke im Bauch des Busses geschoben hatte, antwortet er auf die bange Frage kurz nach unser Abfahrt, ob denn auch jemand die Gepäckklappe geschlossen habe, augenzwinkernd: *„On la ferme jamais. On a besoin d'aérer le moteur"* – wir schließen sie nie, denn wir müssen ja den Motor belüften. Eine der in Aix zusteigenden Studentinnen muss sich schließlich von dem Lenker unseres *transport public* freundlich ausforschen lassen, warum sie denn um Himmels willen noch immer ihre Dauerkarte nicht hätte; vor Wochen habe sie ihm doch schon erzählt, dass sie diese beantragen wolle. Jetzt müsse er ihr wieder das teure Einzelticket verkaufen ...

Es herrscht ein anderer Ton hier im Süden, nicht nur in der Aussprache des Französischen, sondern auch im Umgang miteinander. Im alltäglichen Detail. Schon bei der Wettervorhersage in der Zeitung heißt es nicht einfach „sonnig" oder „bewölkt". Sondern es ist poetisch von *doux et agréable* die Rede, sanft und angenehm, von *maussade* und *pertubé*, griesgrämig und gestört. Selbst die Mistral-Warnung auf der Autobahn, über die unser Bus saust, scheint von einem Dichter zu stammen: *vent violant – soyez prudent* flimmert es mit Endreim bei meiner Fahrt gen Süden über die elektronischen Anzeigentafeln. Bei uns heißt es meist schlicht: Vorsicht, starker Wind. Wir haben ja auch keinen *lou mistrau*, wie die Provenzalen sagen, der mal nur als kühles Lüftchen säuselt, mal mit bis zu hundertzwanzig Stundenkilometern durchs Rhônetal fegt, weiter dann durch die Ebene der Camargue und die Plaine de Grau, immer im Dreierrhythmus, wie ein altes Sprichwort sagt: drei, sechs, neun Tage. Oder auch, so hatte Monsieur Loiret mir erklärt: drei Stunden am Tag, drei Wochen lang.

Wie dem auch sei: Der Mistral putzt auf jeden Fall den Himmel blank, sorgt aber bei vielen auch für Kopfschmerz und andere Beschwerden. *„Le vent des fous"* heißt er bei den Einheimischen, und so hatte „France 3" auch vor einiger

Zeit seine Sendung über den Mistral betitelt, der Wind der Verrückten. Dabei hätten die Fernsehleute eigentlich den Plural wählen müssen. Denn auf der Windrose im „L'Armana provençau" von 1859 (den ich als Reproduktion auch auf meinem Ménerber Bücherbord fand) sind sage und schreibe zweiunddreißig Winde für die Provence verzeichnet; in jedem Viertel des Jahres ein besonderes Genre: *lis aurisso*, jene der Erde, kräftig und von Nordwesten kommend; *lis aureto*, die Frühjahrsbrisen aus Südwest; *li marinado*, die sommerlichen Meereswinde aus Südosten, und *li rispo*, die kalten Lüfte des Südostens. „Nur noch wenige der alten Almanach-Bezeichnungen sind allerdings bis heute erhalten für mächtigen *lou magistrau*, wie er ursprünglich hieß, den König im Reich der Winde", weiß Madame Loiret. *La biso* höre man manchmal noch oder *lou manjofango*, Schlammfresser; der Ausdruck für jene Lüfte aus Westen, die die Sümpfe trocknen.

Wenn sie heute wehen, die diversen Mistrale, werden nicht nur Sonnenschirme und Wäscheständer eingeklappt, sondern auch Operationstermine in den Krankenhäusern verschoben. Die kräftigen Böen reißen Mäntel auf, Bäume um, Dachziegel herunter – und sorgen im Winter mitunter für das Absinken der Temperaturen auf sibirisches Niveau.

„*Dix-sept en dessous de zéro*", siebzehn Grad unter Null habe man im vorigen Jahr gemessen, erzählten mir viele im Dorf, als wollten sie mich bestätigen in meiner Entscheidung, selbiges für die nächsten Monate gegen die Stadt zu tauschen. „Manche hier waren fast drei Wochen ohne fließendes Wasser; die Leitungen waren eingefroren." Monsieur Louis weiß es noch ganz genau. Obwohl es ihn persönlich nicht getroffen hatte. „*Moi, j'ai eu de la chance, mon tuyau est à l'extérieur*." Glücklicherweise lägen seine Rohre außen.

Der Klempner sägte sie einfach ab. – *„Et puis il m'a tout bien arrangé."* Heute muss der einstige Dorfmetzger im Winter nicht mehr um die Wasserleitung seines Hauses fürchten. Und auch nicht mehr um die seines kleinen *gîte*, das er an Urlauber vermietet. „Aber nur bis Ende Oktober." Dann rechne sich das mit der *location* nicht mehr – wegen der Heizung.

„Chauffage et eau", sagte in dem Moment gerade auch meine Marseiller Vermieterin, Heizung und Wasser. Bei ihrer poetischen Beschreibung meiner neuen vier Wände auf Zeit war ich offenbar gedanklich auf Wanderschaft gegangen. Ein Sonnenstrahl holte mich zurück ins Hier und Jetzt. Heizung und Wasser – hoffentlich reicht die Achtzig-Euro-Pauschale aus, denke ich, und die Stadt versinkt nicht wieder im Schnee wie im Winter 2009, als sich am Hang von Notre-Dame de la Garde Snowboarder vergnügten, die Kinder zwei Januartage lang schulfrei hatten und in den Gassen Schneemänner bauten. Als die Straßenbahn nicht mehr fahren konnte, als Autos, Yachten, Brücken, Dächer unter einer dicken weißen Decke lagen – und erwachsene Männer mitten in der Stadt zwischen zwei Häuserzeilen ihre Ski unterschnallten, um mittels einer selbst gebauten Sprungschanze unter dem Beifall von Nachbarn und Freunden in die Lüfte abzuheben.

„Et voila la petite terrasse." Brrrr, frische Luft! Madame strahlte. Und bugsierte mich auf den gut zwei Bierkästen fassenden Balkon – nebeneinander immerhin! Ich werde ihn wohl sowieso selten nutzen. Das Tischchen schon eher, welches Madame – *„spécialement pour vous"*, extra für mich – noch zwischen Küchenblock und Bettsofa gezwängt hatte. Soooo winzig war mir das Apartment auf den Fotos im Internet gar nicht vorgekommen. *Hélas!* Dafür ist die Lage

wirklich super zwischen Oper, Hafen und Cannebière. Rue Sainte, vierter Stock, ohne Aufzug. Die ausgetretenen Holzstufen knarren bei jedem Schritt. Und so „heilig" wie ihr Name ist die Straße keineswegs. Zumindest nicht überall, wie sich rasch offenbart. Denn neben Edelboutiquen, Läden mit Bio-Fastfood aus der Schachtel, Weinbars, italienischen Delikatessenhandlungen, angesagten Bistros und Designerboutiquen mit Kaschmirschals und Schiefertafel in Notebookform entdecke ich auch bald die halb geöffneten Türen gewisser Etablissements. Langbeinige Wesen – nicht immer ist auf den ersten Blick klar, ob es sich um weibliche handelt – posieren dort in knappster Bekleidung und High Heels oder Overknee-Stiefeln auf hohen Hockern – bei jedwedem Wetter. Aber meine Vermieterin scheint wirklich reizend zu sein. Vielleicht, weil ich die Kaution so rasch überwiesen hatte ...

Mein kleines Reich mit Blick in den Marseiller Himmel misst maximal zwanzig Meter im Quadrat; Duschbad und „Terrasse" inbegriffen. Aber wie in Ménerbes verfüge ich wieder über eine bestens ausgestattete *cuisine*. Bekochen allerdings werde ich wohl ausnahmslos mich – für Gäste fehlt es sowohl an Sitzgelegenheiten als auch an Platz. Nun ja, noch kenne ich ja außer Anne-Marie auch kaum jemanden in Marseille, den ich einladen könnte. Außerdem geht man hier offenbar gerne aus – die Zahl der Bistros, Kneipen, Restaurants und Cafés in meinem Viertel ist groß, das weiß ich von früheren Marseillebesuchen.

Bald stelle ich fest, dass sie offenbar noch gewachsen ist – und dass es trotzdem schwierig ist, zu bestimmten Zeiten in bestimmten Lokalitäten einen Tisch zu bekommen. Also werde ich wohl doch öfter kochen. Und wenn ich die Möbel ein wenig umstelle in meinem *studio* und zwei

Klappstühle kaufe, dann kann ich vielleicht doch noch mal den einen oder anderen netten Menschen zum Dîner einladen …

„*Madame?*" Von weither und wie durch Watte dringt die Männerstimme in mein Ohr. „*Madaaaame?*" Pause. „*Vous allez bien?*" Ja, natürlich, es geht mir gut. Was will der Kerl? Es ist sechs Uhr morgens, und ich stehe am Hafenbecken. Habe mir extra den Wecker auf fast mitten in der Nacht gestellt, um diesen Moment nicht zu verpassen, den besonderen Augenblick, wenn die Fischer zurückkehren von ihren nächtlichen Fahrten in den Vieux Port und den frischen Fang dort an ihre Frauen übergeben, die legendären *poissonnières*, die ihn sofort gekonnt auf den leuchtend-blauen Holztischen mit den hochgezogenen Rändern arrangieren und ihn bald lautstark den ersten Käufern anpreisen werden.

Es hat sich nichts geändert an diesem Rhythmus und Ritus des frühen Tages, seit ich ihn vor Jahrzehnten zum ersten Mal erlebte; nach einer damals noch nächtlichen Zugfahrt von der Mitte Deutschlands aus. Mit Umsteigen weit nach Mitternacht.

Nur zögernd trat damals die Dunkelheit ihren Rückzug an, als ich von den Schließfächern am Kopf der Quais hinaustrat auf die Terrasse des Gare St. Charles. Wow! Welch ein Empfang! Ich erinnere mich noch genau: Hinter mir das majestätische Bahnhofsgebäude; ein Schienenpalast im wahrsten Sinne des Wortes, hoch über Straßenniveau, mit Säulen, Portalen, eisernen Kandelabern, Skulpturengruppen aus dem vorvergangenen Jahrhundert – und vor mir die monumentale Freitreppe hinab zur Stadt, jenem immer wieder als gefährlich beschriebenem Moloch, der sich nun allmählich wachräkelte mit Mopedgeknatter, erstem Fahrzeug-

gebrumm, eiligen Schritten auf dem Asphalt und Lichter-
geflitter, das wunderkerzengleich für kurze Zeit das ver-
blasste Sternengewimmel ersetzt, um dann selbst der fah-
len Helle der ersten Morgenstunden zu weichen.

Völlig gebannt und mit knurrendem Magen stieg ich
die Stufen von Saint Charles hinab. Ich zählte sie in Zeh-
nerportionen: Fünfzig, sechzig, siebzig, achtzig, neunzig –
hundert! Und dann noch vier. Nun war ich auf der Ebene
der Boulevards. Menschen mit müden Mienen hasteten in
die Eingänge der Metro-Station. Drei Stopps bis zum Hafen.
Nein, ich wollte nicht mit der U-Bahn fahren. Ich wollte mir
Marseille erlaufen, wollte diesem Mythos und dem Tag ent-
gegengehen. Ohne Stadtplan; geleitet nur von meinem inneren GPS. Ich wusste: Es geht immer leicht bergab.

Auf die großen Boulevards als Route verspürte ich keine Lust, hielt mich rechts und tauchte ein in das Geäder der
kleineren Straßen: Rue François Bazin, Rue des Doméni-
caines, Rue du Petit-Saint-Jean ... Still war es hier noch, nur
meine Schritte hallten in den schmalen Schneisen zwischen
den Fassaden. Aber etwas lag in der Luft. Nur ganz fein kit-
zelte es meine Nasenflügel. Ich schnupperte in alle Richtungen, entschied mich schließlich für eine Wendung nach
links. Der Duft nahm zu, bald konnte ich ihn auch benen-
nen: frisches Gebäck! *Une boulangerie!*

„Attention, Mademoiselle!" Fast wäre ich direkt in den
großen, kräftigen Mann hineingelaufen, der plötzlich vor mir
stand, eine Hand in die Hüften gestemmt, mit der anderen ein riesiges Blech balancierend. Croissants! Direkt aus
dem Ofen." Mmmmh. *„Excusez-moi",* murmelte ich schuld-
bewusst, wagte es aber trotzdem, das von mir unbemerkt
um die Ecke gebogene Individuum zu fragen, wohin es
denn die warmen Köstlichkeiten bringe. *„Cee pourr ön barr",*

poltert es freundlich zurück. Und dass dieses Etablissement zur Basis-Verköstigung dieses Teils des Viertels mit frisch gebrühtem Kaffee, einem Gläschen Pastis oder Wein, Sandwiches und eben Frühstückshörnchen in circa einer Dreiviertelstunde öffne. Sooo lange noch! Meine Enttäuschung schien mir ins Gesicht geschrieben. Jedenfalls langte der beschürzte Backwarenträger kurzerhand auf sein Blech, angelte eines der duftenden Croissants und hielt es mir hin. Als ich in meiner Umhängetasche nach dem Portemonnaie zu kramen begann, hörte ich nur noch *„non, non"* und *„bon appétit".* Dann war die stattliche Bäckergesellen-Erscheinung verschwunden.

„Madaaame." Schon wieder diese Stimme. Ach ja. Habe wohl zu lange in den Himmel geträumt vor den Ständen der *poissonnières* am Vieux Port. Noch schwatzen die Frauen untereinander, Konkurrentinnen zwar, aber auch jahre- oder jahrzehntelang Nachbarinnen auf der einst schmalen Mole zwischen Hafenbassin und Quai des Belges, auf dem sich damals die Fahrzeuge vielspurig drängten – und wo nun Flanierpflaster sich ausbreitet im Zuge der vielen Neuerungen anlässlich des Kulturhauptstadtjahres. Geduldig harren Fischhändlerinnen meist schon ab Sonnenaufgang am Hafenbecken aus, die *camionettes* im Rücken, in denen nach Ende des Marktes alles abtransportiert wird, was nicht verkauft worden ist. Es landet meist in den Töpfen der eigenen Familie, geht an Freunde, vielleicht noch einen kleinen Händler irgendwo.

Immer voller wird es nun um die blauen Verkaufstische der *poissonnières.* Mein besorgter Beobachter hat sich offenbar davon überzeugt, dass ich wirklich nur von der Vergangenheit träumte, und verhandelt jetzt wortreich mit einer der Fischhändlerinnen. Auch ich trete nun endlich an einen der Stände, und wie bei meinem allerersten Besuch damals auf dem Markt am Hafen frage ich wieder nach den Zutaten für die Bouillabaisse. Aber diesmal nicht nur, um des Wissens willen. Heute kaufe ich tatsächlich; die Suppe steht für den morgigen Abend auf dem Speisezettel.

„*Rrrrrasscassee, rrrrouget, grrrrondin, doorrrade*", schnarrt die rothaarige unter den fast ausnahmslos hübsch blondierten Fischhändlerinnen und deutet kokett mit knallgelben Gummihandschuhhänden auf die silberschuppigen Meeresbewohner vor ihrem wogenden Bauch. Eine würdige Nachfahrin jener Honorine, mit der der vor den Toren von Marseille geborene Schriftsteller Marcel Pagnol den *poissonnières* in seinem Théaterstück „César" schon 1936 ein literarisches Denkmal setzte.

Beim Schuppen und Ausnehmen der verkauften Ware entfährt der Honorine des 21. Jahrhunderts ein tiefer Seufzer. „Es sind keine guten Zeiten für kleine Fischer; die Fangmethoden der Industrie lassen kaum etwas übrig für unsere Männer." Ein Reizthema; schnell hat sich ein Grüppchen um die Rothaarige und ihre Kundin gebildet und diskutiert aufgeregt. „Man muss den Kreislauf der Natur respektieren", ereifert sich ein dunkelhaariger Junge von etwa siebzehn Jahren. „Mein Vater hat es mir erklärt – die Meeresbewohner brauchen Ruhephasen, sonst sterben sie irgendwann aus." „So wie der rote Thunfisch", nickt die linke Standnachbarin. „WWF und Greenpeace warnen davor schon seit einigen Jahren." „Der Staat beschloss damals, nach einer Frist von achtzehn Monaten den industriellen Fang für diese Spezies zu verbieten." „Aber nach zehntägigen Verhandlungen war das Ergebnis bloß eine Senkung der Fangquote." Jeder am Quai des Belges weiß an diesem Morgen offenbar Bescheid über die internationale Fischereipolitik.

„Tja, Marseille ist halt so was wie das Tor zur Welt", grinst wenig später Bernard, „da interessieren sich viele für vieles – von den Kickern von Olympique über die jungen Modeleute hier bis natürlich zu den Dingen, die den Alltag unmittelbar bestimmen: das Geld und das Essen." – „Das Trinken hast du vergessen", feixe ich. Bernard lacht. Kein Wunder, verdient er doch am Aperitif-Durst nicht nur der Marseiller.

„Maison du Pastis" steht auf dem Schild seines Ladens am alten Hafen im Schatten der Arkaden des Quai du Port. Jetzt, so früh am Morgen, ist natürlich noch geschlossen. „Aber wenn ich um zehn aufmache, muss ja alles fertig sein: die Tische auf der Sonnenterrasse aufgestellt, die Regale drinnen nachgefüllt, die Pegelstände unserer Fässchen mit den handwerklich hergestellten Pastis-Sorten kontrolliert, na du weißt schon!" Ganz schön gut durchorganisiert. Und dabei kommt Bernard eigentlich aus einer ganz anderen Branche: Er ist ausgebildeter Musiker. Aber die Liebe hat ihn in die Provence und vom Bier zum Pastis gebracht – denn Bernard stammt aus Belgien. Und seine Liebe? *La voilà!* Wie Zeboulon aus der Kiste steht Aurore plötzlich vor uns. Beide grinsen. *„Voilà ma boutique à moi"* – Aurore zeigt mit nur knapp ausholender Armbewegung nach rechts. Das Nachbarlädchen! „Au Savon de Marseille" lese ich auf dem schwungvollen Schriftzug über der Tür.

Als ich dem Seifen-Pastis-Paar erzähle, dass ich für ein Vierteljahr in der Stadt wohnen werde, ruft Aurore spontan aus: „Drei Monate – super! Da können wir sicher mal was zusammen unternehmen. – Bist du eigentlich mit dem Auto gekommen?" Nein, Gott bewahre. Ich kann mich noch gut erinnern, dass beim letzten Mal, als ich nur für ein paar Tage unterwegs war in der Provence, die Suche nach einem

Platz für meinen fahrbaren Untersatz in Marseille einem Horrortrip glich. Und dass man mir damals schon sagte, das sei immer so in dieser Stadt; egal ob morgens kurz vor Arbeitsbeginn oder abends, wenn alle beschließen, auszugehen. „Ja das stimmt", grinst Aurore, „kreuz und quer, auf Bürgersteigen und an Straßenecken, vor Einfahrten, in schmalsten Gassen – überall stellen die Marseiller ihre Vehikel ab. Und zwar möglichst nahe an der Hauswand. Denn auf diese Weise ist der zur Fahrbahn zeigende Außenspiegel vor Attacken seiner Artgenossen an vorbeifahrenden anderen Fahrzeugen etwas geschützter. Und wenn man es schafft, mit der vorderen Seitenfront seines eigenen Fahrzeugs besonders dicht an die Fassaden heranzurücken, also quasi mit drei Rädern auf der Fahrbahn zu bleiben, ist auch noch der Außenspiegel der anderen Fahrzeugseite maximal geschützt." Bernard nickt. Und ergänzt, dass *horodateurs*, Parkuhren, somit die natürlichen Feinde des Außenspiegels seien: „Sie zwingen zum Abstand des Fahrzeugs von jeglichem Mauerwerk, sodass der *rétroviseur* zur leichten Beute wird für Kinder- oder Einkaufswägen, Radfahrer oder Passanten, die das teure Teil verschrammen, umknicken oder abbrechen könnten."

„Championne du stationnement à l'arrache" fällt mir spontan ein, „Weltmeisterin im Wildparken". So hat der aus der Nähe des Mont Sainte Victoire stammende Blogger Marc Liotard seine Wahlheimat Marseille einmal genannt und sein Urteil mit wunderbaren Fotos untermauert. Zivilen Ungehorsam gepaart mit Ungeschicklichkeit, Leichtfertigkeit und Unfähigkeit attestierte er in Sachen Parken den Bewohnern der Stadt, beziehungsweise jenen, die regelmäßig versuchen, auf vier Rädern in ihr Herz vorzustoßen, was zu chronischen Staus auf den Zufahrtsstraßen führt –

ich erinnere mich bestens! –, zu scheinbar endlosen Blech-schlangen, drangsaliert von den Sirenen der Polizei, die jedoch mit all ihrem Geblinke und Geheule nur wenig aus-zurichten vermag an der trägen Dichte von Vans, Limousi-nen, Lkws, klapprigen Kleinwagen und rassigen *quat'-quat (re)*, wie die geländegängigen SUVs in Frankreich heißen. Wie gut, dass ich diesmal mit dem Bus gekommen bin.

„Was machst du denn nächsten Freitag?", fragt mich Aurore, nachdem mir Bernard meinen Cuvée Prestige aus dem ersten Fässchen abgefüllt hat. Noch habe ich keine Plä-ne. Jedenfalls nicht für den Abend. Am Vormittag will ich mich für einen Provenzalisch-Kurs einschreiben; die An-zeige hatte ich mal wieder in meiner Stammzeitung ent-deckt. „Dann gehen wir Freitagabend alle drei zu diesem Mode-Event; ich habe eine Einladung bekommen über die Freundin einer Freundin und darf mehrere Leute mitbrin-gen." – „Wann geht's los?" – „So gegen neunzehn Uhr, glau-be ich. Sei doch um halb sieben bei uns zu Haus."

„Marseille est un carrefour", sagt am Abend bei der Party im Modemuseum irgendwer zur mir, mit dem ich zufällig am Bar-Tresen stehe. Ja, ein guter Vergleich: Marseille ist eine Art Straßenkreuzung; aus allen Richtungen treffen dort Menschen aufeinander. „Menschen und Meinungen, Ideen und Träume", präzisiert enthusiastisch mein Gegen-über. Bernard und Aurore und zwei ihrer Bekannten, die wir zufällig treffen beim Rundgang durch die Museumsräu-me, outen sich später beim letzten gemeinsamen Glas Wein ebenfalls als glühende Marseille-Verehrer: *„Marseille n'est pas que cette grande ville désordonnée, nonchalante et lunatique, ne vivant qu'au rythme du football et d'une boisson anisée. Marseille vibre, elle rit et pleure; elle est authentique et parfois frénétique, elle adopte tout et tous, elle fait réagir. Et elle a déci-*

dé de sortir des sentiers battu." – O.k., verstanden; Marseille ist nicht nur chaotisch, launisch, dem Rhythmus von Fußball und Pastis verhaftet, sondern eine authentische, vibrierende, mitunter hell begeisterte Stadt, die alles und alle aufnimmt in ihre Arme, die weint und lacht und die beschlossen hat, die ausgetretenen Pfade zu verlassen. – Was für eine schöne Begrüßungsansprache für eine Neu-Marseillerin ...

Februar

Hafenfantasien

„*Venez, ici c'est pas cher, et si c'est cher, c'est casher!*" – Ich liebe diesen Fischhändler an der Ecke des Kapuzinermarkts. Sein Humor ist ebenso köstlich wie seine Auswahl an *supions*, kleinen Tintenfischen, an *limandes*, Rotzungen, an *brochets*, Hechten, und an mir noch immer im Deutschen nicht namentlich bekannten Flossenträgern wie *séveraux* und *bogue*. – „Kommen Sie, hier ist es nicht teuer, und wenn es teuer ist, ist es koscher." Na ja, in meiner Muttersprache reimt es sich nicht. Und Witzchen auf Kosten der jüdischen Bevölkerung ... Hier scheint das kein Problem. Wie sagte doch der Freund von Bernard: Marseille nimmt jeden auf und in seine Arme.

Multikulti ist offenbar tatsächlich keine hohle Phrase in dieser Stadt. Obwohl sie die ärmste ist unter Frankreichs Regionalmetropolen; mit Drogenkriminalität und hoher Arbeitslosigkeit kämpft. Gegensätze aber aushält; zumindest in manchen Bereichen. Marokkanische *pastilla*, frisch gebacken von einem munteren, kopftuchtragenden Frauentrüppchen in der Rue Longues des Capucins, und die *plateaux de fruits de mer* mit Austern und anderen Meeresfrüchten aus der Bretagne oder Normandie bei „Toinou" am Cours Saint-Louis, keine 250 Meter entfernt – das geht in Marseille problemlos zusammen. Genauso wie der moderne Anbau an den historischen Bahnhof und das kleine Schwarze in der Apotheke. Hinter dem Verkaufstresen, wohlgemerkt. Dort, wo ich, auf der Suche nach Wundpflaster und

Medikamenten, pharmazeutische Kompetenz in weißen Kitteln erwartet hatte. Oder zumindest weiße Shirts beziehungsweise Blusen. Aber diese Pharmazeutinnen trugen nachtfarbene, enge Cocktailkleider! Bei ihrer Arbeit! Um zehn Uhr morgens! O.k. – ich gebe zu, die *pharmacie* heißt *„de l'Opéra"*, und der pompöse Säulenpalast der Sangeskunst spiegelt sich tatsächlich in der Schaufensterscheibe. Vielleicht waren die beiden Damen am Vorabend ja tatsächlich in einer Opern-Aufführung, danach gab es vielleicht noch ein Dîner oder eine Party und sie hatten keine Zeit oder keine Lust mehr, nach Hause zu fahren und sich umzuziehen für die Arbeit am nächsten Morgen. Oder umgekehrt: Sie hatten Karten für eine Vorstellung just an diesem Tag, nach ihrem späten Feierabend, und schafften es nicht mehr oder wollten nicht noch einmal den Weg zurücklegen zu ihrem Apartment in einem der Außenbezirke, um dort ins Ausgeh-Outfit zu wechseln. Also zogen sie das kleine Schwarze einfach schon morgens zum Apothekendienst an. Ich werde wohl irgendwann noch mal hingehen müssen, in die Pharmacie de l'Opéra, um das Schwarz-Weiß-Rätsel zu lösen und zu sehen, was es denn nun auf sich hat mit der *tenue* der Herrscherinnen über Pillen, Bandagen und spezielle Kosmetika: *blanc ou noir?*

Jetzt fahre ich allerdings erst einmal in einen der Außenbezirke, um mich vorzustellen als *garde enfant*. Für zwei oder drei Nachmittage in der Woche suche man eine Kinderbetreuung, hieß es in der Anzeige, die ich mal wieder in „La Provence" entdeckt hatte, unter der Rubrik *emploi*, wo übrigens manchmal gar nichts steht oder nur ein einziges Angebot, etwa „Suche Gärtner". Einmal hatte ich entdeckt: „Haushaltshilfe für ein älteres Ehepaar 3 x 2 Stunden die Woche, Lauris" und sofort angerufen. Mit Erfolg! Diesen

Job werde ich von April an machen; wenn ich zurück bin in Ménerbes. Jetzt aber: Marseille, 8. Arrondissement. Eines der drei angenehmsten der insgesamt sechzehn Stadtviertel, wie es heißt. Viel Grün; die Bewohner meist zugehörig zur *grande bourgeoisie industrielle*. Zudem birgt das Areal zwischen Place Castellane und den Pradostränden angeblich einige der besten Schulen der Stadt. „Lycée de Provence, le Lycée Notre-Dame de Sion, Lycée Périer", hatte mir Anne-Marie aufgezählt.

Madame empfängt mich freundlich, serviert Tee, die beiden Kleinen toben in den Salon. Zwillinge, in der Grundschule noch. Und dann gäbe es da noch *le bébé, den* Säugling. Ich sage wahrheitsgemäß, dass ich nur noch für zwei Monate in der Marseille sei. Kein Problem, erwidert Madame, im Gegenteil, im April komme das Au-pair-Mädchen aus England. Wir einigen uns auf die Bezahlung und meine Einsatzzeiten: Freitagvormittag (am Nachmittag läuft alle vierzehn Tage mein Provenzalisch-Kurs, im Wechsel mit Dienstagvormittag) sowie die Nachmittage des Dienstag und Mittwoch. Wobei *après-midi* bedeutet: ab 16.30 Uhr. So lange werden die beiden „Großen" in ihrer *école primaire* versorgt, inklusive Mittagessen. Danach hole ich sich am Schultor ab, zu Fuß, mit dem kleinen Bruder im Kinderwagen (vielleicht werde ich schon vorher eine kleine Runde mit ihm drehen), begleite sie nach Hause, wir spielen ein wenig, je nach Wetter im Zimmer oder draußen im Garten, im Park, am Strand. Dann: Händewaschen, Abendessen und ab ins Bett. Spätestens um halb neun wird das Licht ausgemacht. Danach beginnt mein Feierabend. *Entendue!*

Ich feiere meinen neuen Job mit mir selbst bei einem Glas Rosé im „Il Primo", einem meiner beiden Lieblingscafés, das mittags gute Bistroküche anbietet und Wein zu jeder Tageszeit. Danach mache ich mich auf zu meinem Provenzalisch-Kurs im „Ostau dau Pais Marselhès" in der Rue des Trois Mages. Schon der Name des Instituts hatte mich fasziniert, und die Nähe der Drei-Königs-Straße zu meinem geliebten Kapuziner-Markt hatte den Ausschlag gegeben bei der Wahl unter den fünf Angeboten. In der ersten Stunde hatte uns unserer Lehrer gleich aufgeklärt: Da wir uns in Marseille befänden, werde er auch kurz eingehen auf den *parlé marseillais* – denn es handele sich dabei keinesfalls nur um einen Slang oder Dialekt, sondern um eine eigene Sprache, wenn auch eine meist nur gesprochene, nicht geschriebene – „im Unterschied zum Provenzalischen". Aha. „Das Marseilleische trägt das Erbe des Okzitanischen in sich, gefiltert durch das Provenzalische und vermischt mit Französisch. Es neigt wie das Provenzalische zum Scherz, ist wie dieses launisch und einfallsreich. Aber es hat eigene Wörter, Redewendungen, Satzstellungen. Etwa die Handhabung des Relativsatzes – der allerdings auch im Provenzalischen Fremde, nun ja, auch Franzosen, die nördlich von Valence zu Hause sind, schon aus der Bahn wirft beziehungsweise schwindelig macht. Beispiel gefällig?"

Ja, bitte, denke ich, und hoffentlich verstehe ich, was er meint. *„Voilà l'homme que je vous ai parlé."* O.k., das klingt auch in meinen Ohren verdreht. Ich schaue zu meinen Mitschülern. Bis auf eine Ausnahme (Kanada!) sind es alles Franzosen; manche mit italienischen oder arabischen Familiennamen, seit Generationen schon ansässig in der Stadt oder zumindest in der Region, wie sich bei der Vorstellungsrunde zeigte. *„Voila l'homme duquel je vous ai parlé?",* formuliert zögernd mein Sitznachbar. „Korrekt!", freut sich Monsieur le Professeur. Anschließend erhalten wir noch eine kleine Lektion zur Geschichte und zum heutigen Stellenwert des Provenzalischen beziehungsweise *Prouvençau* oder *Mistralien.* „Wer weiß, warum es so heißt?" Keiner von uns traut sich, eine Vermutung zu äußern; der Wind wird wohl kaum Pate gestanden haben, denke ich.

„Die Bezeichnung nimmt Bezug auf Frédéric Mistral, den Dichter und Lexikografen des Provenzalischen, Mitbegründer des Lou Félibrige, eines Vereins zu Erhaltung und Verbreitung der Sprache, Kultur und aller anderen identitätsstiftenden Merkmale der Gebiete des Okzitanischen; sein Sitz ist übrigens im Musée Arlaton in Arles." – „Wie viele Menschen sprechen denn heute eigentlich noch oder schon wieder Provenzalisch?", will ich jetzt von unserem Dozenten wissen. „In allen südfranzösischen Provinzen zusammen mehr als 250 000; nimmt man Monaco und Italien hinzu, noch mal gut 100 000 mehr." – „Plus wir zwölf", feixt mein Nachbar leise. Doch schon hat der Prof wieder das Wort: „Das Provenzalische ähnelt sehr dem Katalanischen und wird in mehreren Mundarten gesprochen. Bei uns hier in Marseille, im Var und um Toulon hört man das maritime Provenzalisch; im Norden der Region, etwa in und bei Forcalquier, das Gavot, in der Drôme das Dauphinois. Dann gibt es beispielsweise noch das Transalpin, das Niçard in der Region Nizza, und das Rhodanien in der Gegend von Nîmes."

Ein Dutzend Augenpaare blickt nun starr nach vorne zur Tafel, wo inzwischen Pfeile und Kreise und Buchstaben die Varianten und Verbreitungsgebiete des Provenzalischen illustrieren. „Die provenzalische Sprache – inzwischen oft auch vereinfachend, aber falsch als okzitanische bezeichnet – unterscheidet sich vom Französischen durch einen konservativen Charakter, was die Bewahrung lateinischer Vokale und Konsonanten aufgrund intensiver Romanisierung angeht, und durch das Fehlen eines nennenswerten germanischen Substrats. Nach der Blütezeit des Provenzalischen im Mittelalter ging seine Bedeutung und Verbreitung später durch das Edikt von Villers-Cotterêts im Jahre 1539, durch das das Französische zur alleinigen Verwaltungssprache bestimmt wurde und wodurch die ererbte schriftsprachliche Norm des Provenzalischen außer Gebrauch kam, zurück. Verstärkt wurde dieser Rückgang durch die Französische Revolution, in deren Folge die aktive Beherrschung der französischen Sprache von der gesamten Bevölkerung des französischen Staates gefordert wurde und die planmäßige Durchsetzung des Französischen im Rahmen der allgemeinen Schulpflicht erfolgte. Erst im 19. Jahrhundert erfuhr die provenzalische Sprache wieder eine gewisse Neubelebung. Wenn sie auch seit mehreren Jahren wieder an einigen höheren Schulen in Frankreich unterrichtet wird, besitzt sie nicht den offiziellen Status einer Amtssprache."

„Aber", wage ich nach diesem verbalen Parforceritt durch die Sprachgeschichte meines Gastlandes anzumerken, „es scheint doch ein immer breiteres Interesse am Provenzalischen zu geben. In der Zeitung stand, dass in Cheval-Blanc, auf der Ferme Saint-Paul, das *Observatoire de la Langue Provençale* eingerichtet werden soll ..." – „... *de la Langue et de la Culture Provençale*, ja, das stimmt. *Le Collectif Provènço* ist der Motor des Ganzen, ein unpolitischer Verein, der sich schon 1901 gründete und dem heute mehr als hundert Gemeinden angehören."

Nach so viel Information gönnt uns unser Lehrer eine kleine Pause. „Zehn Minuten, *pour une cigarette*..." Und dann dürfen wir endlich die ersten provenzalischen Ausdrücke lernen. Immer schön nach dem Alphabet. „A wie *aï*" – statt *âne*, Esel. „B wie *boucan*" – statt *bruit*, Lärm. „C wie *cafi*" –

statt *plein*, voll, gefüllt mit ... Puh, jetzt wird es schon schwieriger. „D wie *dégun*" – statt *personne,* Person. „E wie *embouligue*" – statt *nombril,* Nabel. „F wie *farigoule*" – statt *sariette,* Bohnenkraut ... Uff, das kann ja noch heiter werden bis zum Z.

Z wie Al-ca-zar! Aus dem Archiv der Cinemathèque hinter der historischen Fassade dieses einstigen Jugendstiltheaters hat die Verantwortliche wieder einen der beliebten Themenabende zusammengestellt. Diesmal geht es um Architektur und Stadtplanung in Marseille und in der Provence. Dokumentiert anhand von Amateuraufnahmen, aber auch durch Profiproduktionen von den Dreißigerjahren bis heute – inklusive eines langen Interviews mit Le Corbusier. Ein guter Einstieg, dieser Filmabend, zu meinem geplanten Treffen mit Ulrich Fuchs, dem Programmleiter von „Marseille Capitale Européenne de la Culture". Und für den Besuch auf den Baustellen der drei neuen Museen zwischen Fort Saint Jean und der Cathédrale La Major, jenem, von den Marseillern aus welchen Gründen auch immer wenig geliebten sechskuppeligen Prachtbau des späten 19. Jahrhunderts, unter dessen Plateau sich hinter den Bogen-Arkaden historische Weinkeller und Lagerräume verbergen.

Mit Herz, Kreis und Quadrat aus Punkten in Weiß, Pink und Schwarz macht „Marseille Capitale Européenne de la Culture" schon seit Langem an einigen Fassaden der Stadt auf sich aufmerksam. *„Em Pe Treize"* sagen die Eingeweihten, nach dem griffigen Marketingkürzel MP 2013. Das P hinter dem M steht für Provence. Denn nicht nur die Stadt Marseille, auch das umliegende *territoire* ist beteiligt an der Gestaltung der zwölf Monate, in denen die Welt – so hofft man hier –, zumindest aber das kulturinteressierte Europa auf die Bouches du Rhône schaut; die Kommunen im

Departement des Rhône-Deltas mit Städten wie wie Istres, Salon de Provence, Arles und Aix.

Um die „École des Beaux Arts d'Aix-en-Provence", die Kunstschule der vornehmen Festival- und quirligen Studentenstadt, geht es auch an dem Filmabend in der Bibliothèque Alcazar. Und um Saint-Rémy, das Glanum, Manosque, Villeneuve-lès-Avignon. Wir etwa fünfzig Zuschauer sehen die Relikte der Abtei von Montmajour über die Leinwand flimmern und die Skizzen des für den Marseiller Hafen geplanten Triumphbogens von Pierre Puget, dem berühmten Bildhauer des 17. Jahrhunderts, dessen Arbeiten im Louvre stehen. Wir hören Rudy Ricciottis Kommentar zu seiner gigantischen Steinbox, die er Mitte der Neunzigerjahre in Vitrolles, auf freiem Feld, als Konzert- und Sportstätte schuf. Und wir sehen die Bilder seines jüngsten Projekts, des MuCEM, Musée des Civilisations de l'Europe et de la Mediterranée in Marseille, mit den wie schlanke Baumstämme und Astwerk wirkenden Fassaden- und Dachelementen aus speziellem Beton, die nicht nur der Zierde des Gebäudes dienen, sondern auch dem Schutz vor der Sonne.

Da diese zu meiner Verabredung mit Silvie einige Tage später nicht scheint, wählen wir einen Tisch im Inneren von „Les Panisses" und nicht die schmale Straßenterrasse. Das Restaurant im Retrostil mit dem langen Zinktresen und Dichterzitaten an den Wänden wie Prousts *„Les plats se lisent et les livres se mangent"* – Menüs sind zum Lesen da, Bücher zum (Fr)Essen – ist ein beliebter Ort für eine *pause gourmande de midi*, einen etwas gehobeneren Lunch. „In Marseille ist die *bistromanie* ausgebrochen", wird Silvie mir beim Hauptgang erklären, „du weißt ja, das Mittagessen ist den Franzosen heilig. Hier haben jetzt für dieses Ritual Lokale im Bistrostil Konjunktur."

Silvie hat mir als Responsable Pôle Presse Communication bei meinen früheren beruflichen Aufenthalten in Marseille schon viele Türen geöffnet; diesmal geht es bei unserem Treffen in erster Linie um das neue Gesicht der Hafenstadt im Rahmen von *„EmPeTreize"*, dem Kulturhauptstadtjahr. Nach fast zwei Stunden, begonnen mit einigen Stückchen *panisse*, jener aus Ligurien stammenden, längst aber zur provenzalischen Spezialität avancierten Kreation aus Kichererbsenmehl-Teig (zu Würfeln oder Scheibchen geschnitten und goldgelb frittiert), beendet jeweils mit einer exzellenten *tarte au citron* – „eine Empfehlung meiner Mitarbeiterin, wie das Lokal überhaupt", sagt Silvie –, habe ich die Namen und Telefonnummern mehrerer Ansprechpartner in Sachen Architektur und das Kulturhauptstadtjahr in meinem Notizbuch stehen. Und gleich auch ein paar entsprechende Termine.

Jener mit Ulrich Fuchs war schon vor längerer Zeit ausgemacht. Der stellvertretende Intendant und künstlerische Leiter von MP2013 empfängt mich in seinem winzigen Büro hinter dem Rathaus. Fuchs, gebürtiger Bayer und beurlaubter Hochschullehrer der Universität Bremen, verantwortlich seinerzeit auch für Linz 2009, das künstlerische Programm der österreichischen Kulturhauptstadt, lebt nun schon seit fast zwei Jahren in Marseille – und liebt es, wie sich rasch herausstellt; genau wie ich. Unser Gespräch dreht sich aber auch um das negative Image der Hafenstadt, um ihre Sorgen und Nöte. „Die Innenstadt ist sicher, Fehden der Drogenmafia gibt es auch in anderen Städten, und der neue Polizeipräfekt ist erstmals mit weit reichenden Kompetenzen ausgestattet, so wie jener von Paris." Womit wir beim bisherigen Rückstand der Stadt wären, die umgeben ist von reichen Kommunen. Und bei der Fülle von Partikularinteressen, die bislang vieles verhinderte, vor allem die Entwicklung eines Metropolengedankens. „MP 2013 brachte erstmals alle an einen Tisch." Noch immer scheint diese Tatsache Ulrich Fuchs in Staunen zu versetzen. Aber er zeigt sich voller Hoffnung, dass das kulturelle Projekt der Anfang sein wird auch für eine wirtschaftliche Entwicklung – „umgekehrt wie bei Ruhr. 2010".

Dezent schaut mein Gesprächspartner die Uhr; er ist ein gefragter Mann in diesen Wochen, muss alle möglichen Medien bedienen, Meetings absolvieren, die Feinabstimmung des Programms voranbringen. Beim Stichwort Programm bricht sich bei Fuchs erneut die Leidenschaft Bahn. Die Dramaturgie von MP 2013 reiche übers ganze Jahr „unterteilt in drei Episoden". Zu jeder gehöre ein großes Event. Aber es gebe auch wunderbare kleine Projekte wie die Schatzsuche für alle in allen beteiligten Gemeinden – *la chasse au trésor*, eine sprachliche Wendung, die auch *chasse aux treize ors* geschrieben werden könnte, die Jagd nach den dreizehn Goldvarianten. Ein ebenso schräges wie schönes Wortspiel!

Rasch weist mich der Vizedirektor von MP 2013 dann noch auf zwei Projekte hin, die ihm offenbar besonders am Herzen liegen. Bei beiden geht es um Bewegung. Ums Zusammenführen. „GR® 2013 ist ein neuer Wanderweg, ein 360 Kilometer langer Dialog zwischen urbaner und natürlicher Landschaft. Und bei ,Transhumance' treffen sich Reiter aus drei verschiedenen Himmelsrichtungen mit verschiedenem kulturellen Hintergrund – italienisch, marokkanisch, provenzalisch – zu einem gemeinsamen Finale in Marseille." – Da muss ich wohl wiederkommen im Juni 2013 ...

Nun will ich mir in der Stadt jedoch erst einmal anschauen, was es schon gibt in Sachen *EmPeTreize*. Viele Programmstätten existieren ja bereits, vieles wird nur umgebaut, erweitert, restauriert. Oder einfach mit einbezogen, wie die „Friche Belle de Mai" hinter dem Gare Saint Charles. „Die einstige Tabakfabrik spiegelt die eigentliche kulturelle Identität Marseilles." Diese Überzeugung gibt mir Ulrich Fuchs noch mit auf den Weg. Also rein in die Tram und raus zur „Friche", dieser Brutstätte interdisziplinärer Kreativität. Seit gut zwanzig Jahren. Theater, Tanz, Musik, Fotografie, Architektur, Literatur, Grafik, die visuellen Künste – alles ist hier mittlerweile versammelt. Fast siebzig verschiedene Produzenten in einem guten Dutzend baulicher Strukturen. Inklusive kostenlosem Skaterpark, öffentlichem Multimediabereich, Filmstudios und zwei Radiostationen. (Grenoille und Galère heißen sie passend zur Wasserstadt Marseille.)

„Wir verstehen uns als *pôle d'auteurs*", sagt Odile, die Kommunikationschefin der „Friche", als Keimzelle für Kreative. Natürlich sei „Belle de Mai" aber nicht nur Brutstätte und Laboratorium, sondern auch Aufführungsort, fungiere als Verteiler. Sogar von provenzalischem Obst und Gemüse, wie ich feststellen kann. Denn es ist Montag, und auf der Terrasse des „Friche-Restaurants" gibt es einen kleinen Bauernmarkt. Mit Bioprodukten oder zumindest Erzeugnissen auf der Basis einer *agriculture raisonnée,* einer nachhaltigen Landwirtschaft. Sogar einen Aperitif kann man nehmen zwischen Käse, Konfitüren, Eiern, Olivenöl, Honig, Brot und *brioches* – und hausgemachte Holzofenpizza dazu knabbern. So gestärkt, werfe ich rasch noch einen Blick auf die aktuelle Ausstellung im Atelier von „Dernier Cri"; der „Letzte Schrei" zeigt gerade Siebdrucke und Zeichnungen zweier Illustratoren aus der Region; comichaft, grotesk, psychedelisch fast, aber dennoch faszinierend. So viel für heute an „Programm".

Ach nein, am Abend habe ich ja noch die Verabredung

mit François Tonneau, einem Journalistenkollegen. Er arbeitet hier in Marseille für „La Provence", kümmert sich um alle möglichen Themen; Freimaurer, Drogen, Stadtentwicklung. Zudem schreibt er manchmal über Musik; spielt selbst Saxofon; mein Lieblingsinstrument (neben Cello). Als ich erzählte, dass ich seit ein paar Jahren singe, Opernarien, Chansons, ein wenig Brecht/Weill, hatte er gestrahlt und gemurmelt: „Falls du Lust hast: Ich habe jeweils noch eine Karte für Melody Gardot und ‚Do You Speek Djembé?' im Silo." Wir hatten uns in einem der vielen Cafés am Cours Honoré-d'Estienne-d'Orves getroffen, dem östlich des Vieux Port sich über eine gutes Dutzend Fassaden erstreckenden Areals, an dem unter anderem „La Marseillaise" zu Hause ist (nein, nicht die Nationalhymne Frankreichs, sondern die gleichnamige Tageszeitung); an dem *La Maison d'Artisanat* steht, das Haus des Kunsthandwerks. Und an dessen Saum „Les Arcenaulx", eine wunderbare Mischung aus Buchhandlung, Galerie, Restaurant und Salon de Thé – geschaffen von der Verlegerin Jeanne Lafitte, einer Spezialistin für Regionales im Allgemeinen und für Provenzalisches im Besonderen –, an die ehemalige Bestimmung des ganzen Ensembles erinnert: als Bootsschuppen für die Galeeren des Sonnenkönigs Louis XIV.

„Du weißt sicher, dass schon die Römer hier ein Arsenal für ihre Schiffe hatten", forschte François, wie so viele Franzosen ein Geschichtsfan *par excellence* ... Zum Glück konnte ich Ja sagen. Doch schon war mein Gegenüber beim nächsten Thema, und die nächste Frage schwebte über meinem Glas Grenadine. „Hast du das schon von den Ratten gehört?" Diesmal lautet meine Antwort *non*. „Das war offenbar vor meiner Zeit hier in der Stadt." „Wir haben das Problem immer mal wieder", insistierte François. „Glaubt man den Zahlen der Infektionsspezialisten im Hôpital Nord, kommen auf einen Marseiller zehn Ratten." Rund eine Million dieser wenig possierlichen Nager bevölkern also die Stadt? „Offenbar. Lange wussten die im Rathaus nicht, wie sie der Plage Herr werden sollten. Immer mehr Leute beschwerten sich. Es gab zwar die Möglichkeit, auf dem Rathaus um Maßnahmen zu bitten, und oft wurden auch ganze Viertel von den Tierchen befreit. Aber sie kamen immer wieder. Bis, ja, bis die Idee mit den Katzen geboren wurde. Tausend speziell trainierte Katzen würden die sechs Rattenfänger der Stadt unterstützen, hieß es." „Und – hat es funktioniert?" „Ehrlich gesagt, ich weiß es nicht; ich habe die Nachricht damals auch nur in der Zeitung gelesen. Am 1. April ..." Ein Aprilscherz also? „Finde das doch mal raus", sagte ich, „das Ganze klingt mir ziemlich nach Süskinds ‚Le Parfum'; wir leben schließlich im 21. Jahrhundert mit all seinen Hygiene-Vorschriften. Ich habe jedenfalls, seit ich hier bin, noch keine einzige Ratte zu Gesicht bekommen; weder auf irgendwelchen Straßenmärkten noch sonst wo." François grinste. „Vielleicht hast du einfach Glück gehabt." O.k. – Themenwechsel.

„Ich nehme beide Karten; Strafe muss sein", drohte ich dem undurchsichtigen Geschichtenerzähler. „Nein, das war ein Scherz." Obwohl mich tatsächlich die junge Jazzsängerin ebenso interessiert wie der Mix aus Klassik und traditionellen Klängen Westafrikas, der zudem noch als interaktives Spektakel angekündigt ist. „Lass uns eine Münze werfen." Guter Vorschlag, François. Kopf gewinnt – und damit Melody. Perfekt! Ihr Konzert liegt zwei Wochen vor jenem von Seikou Keita und dem Lyoner Symphonieorchester. Für die könnte ich mir dann ja immer noch ein Ticket kaufen, hatte ich damals gedacht ...

Nun ist schon „Melody-Tag" und ich mache mich auf den Weg. Will vorher vielleicht noch einen Happen essen im Panier-Viertel. Mit der Straßenbahn bin ich vom Cours Belzunc rasch auf der runderneuerten Rue de la République, dem einstigen Hausmann'schen Prachtboulevard, an den ich mich noch gut als Schmuddeladresse erinnere, mit düsteren Hofdurchgängen. Upps – schon wieder geträumt von der Vergangenheit, während die Tram vorbeiglitt an den Haltestellen Sidi Carnot und République Dame. Steige ich halt doch erst an der Place Joliette aus. Und bummele noch mal durch die Ancien Docks. Ein Herr namens Gustave Desplaces erbaute das Ensemble Mitte des 19. Jahrhunderts, nach englischem Vorbild, so hatte ich gelesen, mit je vier Lagerhäusern um die vier Höfe. „Nach dem Prinzip der Jahreszeiten", hatte mir Silvie irgendwann dann zusätzlich erklärt.

„Zwischen 1910 und 1930 muss es hier richtig rundgegangen sein; sechshundert Angestellte arbeiteten in den Gebäuden, plus fünfzehnhundert Tagelöhner. Sechsundzwanzig Kühlkammern gab es, außerdem die ersten hydraulischen Aufzüge der Stadt und einen Keller mit achthundert Kubikmetern Fassungsvermögen!" Krieg, wirtschaftliche Flauten und die Eröffnung des Hafens Etang de Berre läuteten, so wusste Silvie weiter zu berichten, in der zweiten Jahrhunderthälfte den Niedergang der Marseiller Dock-Aktivitäten ein. Kurz vor der Jahrtausendwende galt es dann, eine neue Bestimmung für die 365 Meter lange Gebäudeschlange am Quai du Lazaret zu finden. Inzwischen arbeiten in ihren sieben Etagen rund dreieinhalbtausend Menschen für mehr als zweihundert Firmen. Darunter auch das Büro von Euromediterrannée, für dessen Öffentlichkeitsarbeit Anthony Abhissira verantwortlich zeichnet.

Am großen Modell im Info-Saal im Erdgeschoss erläutert der schmale, dunkelhaarige Mann gerade einem französischen Paar von „France 3" für die Kultursendung „Les
racines et les ailes" (Die Flügel und die Wurzeln), was schon
geschehen ist im Verlauf eines der wohl ambitioniertesten
Projekte zur Stadterneuerung in ganz Europa. Architekto-
nisch wie ökonomisch. „Zwanzigtausend Beschäftigte haben wir inzwischen hier im Joliette-Viertel; es ist zu einer
Geschäftsadresse ersten Ranges geworden." Bald werde es
auch hochwertigen Wohnraum hier geben, versichert Anthony, die Ufer-Autobahn werde bereits umgestaltet zum
Boulevard Littoral mit Bäumen und reduzierter Fahrbahn-
zahl; die Esplanade Saint-Jean, die die Marseiller nach dem
dort einst stehenden Hangar J4 nennen, sei bereits ebenso
Wirklichkeit wie der Büroturm von Jean Nouvel. Und die
Docks würden sich bald auch nach außen öffnen, zur Bucht
von La Joliette, wo die Fähren ablegen nach Ajaccio, Porto
Vecchio und Algier, nach Bastia und Propriano, mit mehr
als einhundertfünfzig Shops im Erdgeschosss; Boutiquen,
Feinkostläden, Cafés, Restaurants. Und einem *„grand souk
culturel"* rund um das Buch und die Fotografie, wie eine
überregionale Tageszeitung schrieb.

Fast erschlagen von so viel Information spurte ich nun
hinüber zum Silo. Erst im September 2011 wurde der riesige ehemalige Kornspeicher als *salle de spectacle* wiedereröffnet, für Konzerte vor allem. Fançois wartet schon in der
hohen Eingangshalle mit den riesigen Trichtern aus Beton –
la salle des mamelles, sagen die Einheimischen; Zitzen- oder
Tittensaal. „Bist du gut hergekommen?", fragt mein Begleiter besorgt, denn noch immer herrscht Verkehrs- und Bau-
stellenchaos rund um Le Silo. „Aber irgendwann verschwindet hier die Autobahn unter der Erde, und dann beginnt

eine neue Ära, nicht nur für La Joliette, sondern für ganz Marseille." – „Alles bestens", sage ich, „lass uns reingehen." Denn ich bin neugierig auf den Bühnenraum, den ich bislang nur von Fotos kenne. „Zweitausend Leute passen hier rein", raunt François und macht mich gleich auch noch aufmerksam auf einige Details im Saal. „Siehst du die dreieckigen Wandöffnungen über den oberen Rängen? Das sind die Deckelrelikte der Trichter. Wir sind direkt über dem Tittensaal. Und guck mal auf die Sitze, fällt dir nichts auf? – Die Kopflehnen sind doch viel höher als gewöhnlich. Das ist Absicht. Die letzten zehn Zentimeter bestehen aus Akustikplatten, wie alle Wände im Saal. Damit hörst du viel besser."

Anfangen, bete ich tonlos, Melody, bitte, komm endlich und fang an zu singen ...

März

Boogie-Woogie aus dem Ruder-Flügel

Mars. Wie der römische Kriegsgott heißt der März in vielen Sprachen. Monat des Kampfes, der Fehde zwischen Winter und Frühling. *En mars, quand il fait beau, prends ton manteau,* heißt es in einem provenzalischen Sprichwort; nimm deinen Mantel mit im März, auch wenn schönes Wetter ist. Oder: *Fleur marsière ne tient guère.* Märzblume hält nicht. Mein persönlicher Favorit unter den *dictions* über das dritte der zwölf Jahreskinder ist aber dieser: *En mars, quand le merle a sifflé, l'hiver s'en est allé.* Heute Morgen hörte ich tatsächlich auf meinem Mini-Balkon eine Amsel pfeifen. Winter ade also; die Bauernregel greift. Und ich habe frei heute, kein Kinder- und Babysitting. Nur eine Verabredung am Abend.

Jetzt ist es halb zehn, ich sitze mit meinem Prachtexemplar von *noisette* – feinster Milchschaum, sanfter Kaffeegeschmack; nirgendwo in Marseille fand ich Besseres – in der Bar-Tabac mit dem wunderbaren Namen „Le Flash", ein beliebter Treffpunkt von Marseillern mit afrikanischen und nordafrikanischen Wurzeln. Im spitzen Winkel trifft die Rue de Palurd hier auf die Rue de Rome; pastellfarbene, schmalbrüstige Häuser des Fin de Siècle drängen sich drei- und viergeschossig aneinander, mit schiefen Sonnenjalousien und Klimaanlagenkästen vor den Fenstern. Eine hohe Denkmalsäule mit einem würdig dreinblickenden Herrn auf dem Sockel an der Spitze akzentuiert das dreieckige Bar-Plätzchen; an der linken Flanke von „Le Flash" wirbt

„Carla shoes" mit knallroten Buchstaben über der Markise; rechts hat sich das Multi-Unternehmen „Coiffure Mixte Esthétique, Hammam Oriental" für seinen drei Fenster breiten Werbe-Auftritt zu einer Kombination aus den Farbtönen Sand-Bordeaux-Ultramarin entschlossen.

Genau die richtige Farbpalette für meinen Tag. Ich beschließe, seine Stunden weiter mit Muße zu füllen. Bummeln, ein Fahrrad ausleihen und vielleicht über die Corniche radeln mit einem kleinen Stopp im Vallon des Auffes, diesem winzigen, hinter einer fast zwanzig Meter hohen Dreibogenbrücke verborgenen Fischerhafen am Rand der Millionenmetropole, der seinen Namen vom Alfagras hat, aus dem man hier einst, wie aus dem Hanf, der der Canebière ihren Namen gab, Seile und Taue drehte, Matten flocht und Netze knüpfte.

Doch alles kommt anders. Denn ich begegne Jacques. Ich sehe ihn an der Bar stehen, als ich über den Rand meiner Zeitung blicke, um beim *garçon* meine zweite *noisette* zu bestellen. Wann und wo genau ich diesem Jacques (dessen Namen ich in diesem Moment natürlich noch nicht wieder weiß) schon einmal begegnet bin, fällt mir so schnell aber nicht ein. Ihm scheint es ähnlich zu gehen; aber auch er hat mich erkannt. Wir nicken einander zu, und schließlich setzt sich der mir irgendwie bekannte Mann in Bewegung und kommt auf mich zu. „*Salut!*" Bevor Verlegenheit sich über unsere Begegnung legen kann, nennt Jacques seinen Namen und lacht. Als ich meinen sage, scheint es bei ihm „klick" zu machen. „Die Frankfurter Journalistin, die damals zu den Werftarbeitern von La Ciotat wollte und zum Kino der Brüder Lumière! – Das ist aber ganz schön lange her."

In der Tat. Mein erstes Mal Marseille. Mit dem Zug in der Nacht. Und den frischen Croissants vom Blech hoch auf

der Hand des Bäckergesellen. Meine Verabredung in La Ciotat war erst am späten Vormittag. Und Jacques ankerte am
Vieux Port mit seinem kleinen Motorboot; schrubbte und
polierte, während ich den *poissonnières* beim Arrangieren
des Fangs ihrer Männer auf den blauen Holztischen zusah.
„Vous voulez faire un tour aux Calanques?", hatte er mich
damals gefragt, und ich hatte wohl einen Moment zu lange
gezögert mit meinem *non.* „Also dann los, steigen Sie ein,
ich fahre sowieso raus; es kostet Sie nichts." Und so war ich
mit Jacques an Bord gegangen, arglos, abenteuerlustig, voller Vorfreude auf die berühmte Steilküste und das Meer.

„Und – hast du heute auch wieder Lust auf eine Tour?"
Ohne zu zögern sage ich diesmal ja. Zehn Minuten später stehen wir beide auf den Planken. „Ist es noch dasselbe
Boot"? – „Ja. Aber mit neuem Motor." Gemächlich tuckern
wir aus dem Hafenbecken, vorbei an einem frühen Rude-
rer-Achter; vorbei an dem weißen Stahlturm mit dem grünen Hinweisschild *Tunnel Ouest,* das auf die unter dem
Vieux Port verlaufende Straßenverbindung verweist; vorbei
an den mächtigen Mauern des Fort Saint Jean und an den
angrenzenden Silhouetten der neuen Museen: MuCem, Villa Mediterranea, und weiter hinten, zu Füßen von La Major,
Regards de Provence in der einstigen Sanitärstation. Doch
bald schon schaltet Jacques auf höhere Kraft. Zaha Hadids
schwarzer Hochhausturm hinter den Docks von La Joliette
rückt in immer weitere Ferne. Unser Bug pflügt nun quer
zum Schlag der Wellen, die an den Saum der blendend
weißen, steil aufragenden Felsküste streben. Plötzlich än-
dert mein Kapitän den Kurs um neunzig Grad: Wir fahren
hinein in eine Art Fjord, die Calanque d'En Vau. Türkis-
blaues Wasser schimmert um den Kiel; es herrscht paradie-
sische Ruhe.

„Habe ich dir damals eigentlich erklärt, woher der Begriff *calanque* stammt"? Ich weiß es nicht mehr, kann mich nur noch erinnern, dass dieser damals junge Mann mich plötzlich zum Steuerrad schob und sagte: „Fahr doch mal selbst, ist ganz einfach" – und ich mit dem Boot oder das Boot mit mir über das Wasser schoss, bis ich nach dem Kommando von Jacques uns beide beruhigte, das Boot und mich, und wir dann filmreif parallel zur Küstenlinie dahinglitten. Begleitet von den schon wärmenden Strahlen einer Fast-Zehn-Uhr-Frühlingssonne. Und mit salzigem Nass im Gesicht. Zumindest spürte ICH etwas Feuchtes auf meiner Nase, meinem Kinn, meinen Wangen. Die Stirn indes glühte.

„Calanque leitet sich ab vom provenzalischen *calanco*, dem Wort für ‚zerklüftet'." Ja, jetzt fällt es mir wieder ein. Gut zwanzig solcher Kluften, deren sonnengebleichte Wände aufragen wie Kathedralenmauern, durchfurchen ab Les Goudes den Saum des Meeres. „Hinter Callelongue die Buchten von Sormiou, Morgiou, Sugiton, En-Vau. Wahre Wunder, wie man sie an der ganzen Küste nicht noch einmal findet", heißt es in Jean-Claude Izzos Marseille-Trilogie, deren Protagonisten, Fabio, der Autor in Goudes wohnen lässt.

„Das Auf und Ab des Meeresspiegels während der Eiszeiten schnitt tiefe Kerben ins Kalkgestein", doziert Jacques in meine Lektüre-Erinnerungen hinein. „Kurz bevor du das erste Mal hier warst, 1991, entdeckte der Speologe Henri Cosquer hier eine urzeitliche Wohnhöhle, verziert mit Ritzungen und Tiermalereien." Wie viele Marseiller liebt Jacques die Calanque leidenschaftlich. Und kennt inzwischen offenbar jeden Quadratzentimeter. „Schau, da sind Felsenfische." Na, die konnten wohl heute Morgen den Netzen der Fischer entwischen. Wer hätte das gedacht, dass ich den Artgenossen meiner Bouillabaisse-Zutaten an diesem Tag noch „live" begegne! „Knurrhahn, Rotbarben, Drachenkopf, kleine Barsche", zählt Jacques exakt meine schuppigen Einkäufe auf.

Inzwischen zeigen sich am Saum manch einer der kleinen, nur per Fußmarsch oder vom Wasser aus zu erreichenden Calanques die ersten Sonnenanbeter. Zum Schwimmen ist es um diese Jahreszeit zu kühl. Aber im Sommer pulsiert in diesen wildromantischen, vom Mistral geschützten Felsbuchten, von denen eine ganze Reihe sogar in einem feinen Sandstrand enden und Platz genug bieten für eine Hütte, die *cabanon*, das Marseiller Freizeitleben: mit Picknick-Schmaus, Boulespiel und Badespaß. „Meine Familie besitzt auch so eine *cabanon*, hatte ich dir das erzählt?" Ich erinnere mich nicht, aber ich erinnere mich jetzt wieder sehr gut an die Kletterpartie, die wir unternahmen, weil mir Jacques unbedingt auch die durch das besondere Trockenklima bedingte spezielle Fauna und Flora der Calanques zeigen wollte. Noch eindrucksvoller als die Pflanzenwelt und das Kleingetier fand ich damals allerdings den Panoramablick vom Küstenpfad: über die Riou-Inselgruppe, aus deren Gewässern man laut meinem Kapitän und Guide bereits Tausende von Amphoren und hellenische Keramiken von gesunkenen antike Schiffen barg, bis zum Horizont.

„*On fait demi-tour?*" Jacques schlägt vor, allmählich zurückzufahren. Ein Stündchen brauchen wir mindestens. So kommen wir noch rechtzeitig in die Stadt für ein spätes Mittagessen. „*Chez Toinou*"? „Da müssten wir eigentlich Schlag zwölf Uhr sitzen, das schaffen wir nicht. Danach ist es immer schwierig mit einem Platz. Die reservieren ja nicht." Toinou steht in jedem Reiseführer. Trotzdem ist das Restaurant am Cours Saint Louise auch bei Marseillern nach wie vor eine Institution. Nirgendwo sonst gibt es solche frischen Meeresfrüchteplatten – die Verkaufsstände mit den Austern, Muscheln, Krabben, Langusten und allerlei anderem Schalen-Getier stehen direkt vor der Terrasse. Einheimische und Eingeweihte kommen, sobald sich die Türen des Lokals exakt zur Mittagsstunde öffnen. High Noon für den Genuss. Wir stehen um kurz vor halb zwei vor dem Eingang. Jacques scheint Stammgast hier zu sein, einer der Kellner eilt sofort herbei und begrüßt ihn mit Handschlag. *„Quinze minutes?"* Eine Viertelstunde später winkt man uns zu einem freien Tisch.

Während wir uns über unsere Degustations-Teller hermachen, frage ich Jacques noch ein wenig aus. Vor allem über das Meer. Und über die Segelregatten, von denen ich immer wieder in der Zeitung lese. Einmal durfte ich sogar eine „hautnah" erleben (oder vielleicht war es auch nur eine Art Trainingslauf; aber egal); und zwar an Bord der Navette zwischen Vieux Port und Pointe Rouge. Der Bootspendelverkehr ersetzte damals den wegen Bauarbeiten nicht fahrenden Linienbus und ich genoss es sehr, statt eingepfercht in einem stickigen Straßenfahrzeug zu sitzen, mir im offenen Heck des regenbogenfarbenen Schiffchens den Wind um die Nase wehen zu lassen, in die Sonne zu blinzeln und mir ab und zu ein paar Spritzer Gischt aus dem Gesicht zu wischen. An diesem Tag also sah ich, als wir das Becken des Alten Hafens verlassen hatten, plötzlich immer mehr Segelboote in der Bucht kreuzen, durch die auch unsere Navette wogte und stampfte. Manche der *voiliers* glitten elegant vor dem Horizont auf und ab, manche zu Füßen von Notre Dame de la Garde, andere nur wenige Armlängen von unserer Reling entfernt. „Vielleicht hast du die Vorbereitungen zum ‚Match Race France' gesehen", unterbricht

Jacques mein Schwärmen, „der ‚Yachting Club de la Pointe Rouge' richtete dieses Rennen in diesem Jahr aus. Zwölf Mannschaften gingen da an den Start. Aber insgesamt wurden in der Woche, von der du erzählst, sogar drei Wettbewerbe ausgetragen, darunter auch das 20. ‚Eiffage TP Med Race' von Marseille nach Ajaccio, Propriono und zurück. Erstmals waren auch Einzelsegler zugelassen – und der junge Morgan Lagravière hat mit seinen fünfundzwanzig Jahren in dieser neuen Kategorie alle aus dem Rennen geschlagen. Vier von sechs Regatten glatt gewonnen. Er hat übrigens vier Jahre hier in Marseille gelebt, als er noch olympisch segelte ...“ Na, da habe ich wohl den Richtigen gefragt zum Thema Regatten. „Ich hätte sogar beinahe eine Karte bekommen für die Zuschauertribüne auf der Naopéolon-Bonaparte, stell dir vor; siebenhundert Leute passen da drauf. Das war auch neu dieses Jahr, dass man das Finale des Rennens von der Fähre aus sehen konnte. Aber es lagen insgesamt zweieinhalbtausend Zuschauer-Anmeldungen vor; da hat es dann letztlich doch nicht geklappt mit einem Ticket für mich. Wir haben dann halt vom Boot aus geschaut; zwischen all den Besucher-Yachten. Fast fünfzehnhundert sollen es gewesen sein.“

Jacques liebt offenbar nicht nur das Meer, sondern auch die Spektakel, die sich auf seinen Wellen veranstalten lassen. Ich überlege, ob er mir eigentlich gesagt hat, womit er inzwischen sein Geld verdient. Regatten mitorganisieren? Oder immer noch Touristen zu den Calanques hinausfahren? Jacques scheint aber auch noch ein paar Fragen auf dem Herzen zu haben, die erste steht schon im Raum: „Schreibst du noch immer für die Zeitung?“ Ich erzähle ein wenig, für welche Verlage ich inzwischen arbeite und dass ich für ein ganzes Jahr in die Provence gekommen bin. „*Et*

toi?" Jacques grinst. „Ich bin in der Werbung gelandet –
nach vielen Umwegen. Wir haben schon eine ganze Menge
auch für Marseille gemacht; zum Kulturhauptstadtjahr oder
für die Espace-Mode." „Da hätten wir uns ja im Januar vielleicht beinahe getroffen. Ich war von zwei Leuten eingeladen auf einen Mode-Event; Bernard und Aurelie, vielleicht
kennst du ja ihre Läden." „Na klar, ‚Maison du Pastis' und
‚Au Savon de Marseille'. Dann wart ihr sicher beim Defilee
von Christina Sfez und Rosemarie Blum. Die haben damals
die ‚Charte des Créateurs' bekommen, den Stipendienpreis
des Institut Mode Meditérranée. Wir hatten tatsächlich auch
eine Einladung, die Direktorin des IMM ist eine gute Freundin meiner Frau. Aber dann kamen die Schwiegereltern
überraschend zu Besuch."

Jacques hatte mich an La Ciotat erinnert, ebenso wie vor
ein paar Wochen schon Ulrich Fuchs. Zum Kulturhauptstadtjahr, so hatte mir der Macher von MP 2013 versichert,
werde das „Eden" in La Ciotat endlich wiedereröffnet, das
angeblich älteste Lichtspieltheater. Eine lange Reportage hatte ich seinerzeit über das „Eden" und die Stadt der Kinoväter publiziert. Die Einladung, die ausgewählte Bürger von
La Ciotat im Spätsommer 1895 erhalten, begann mit den
Worten: „Monsieur und Madame Antoine Lumière bitten
Sie, ihnen die Ehre zu erweisen, am Samstag, dem 21. September, des Abends gegen acht Uhr dreißig ihr Gast zu sein
bei der Vorführung einiger Erfahrungen mit dem Kinemato-
grafen."

Bereits seit vier Jahren ist damals das Lyoner Industri-
ellenpaar Lumière am Golfe de Lecques schon regelmäßig
zu Gast. In den ersten beiden Jahren logieren die acht Fa-
milienmitglieder noch etwas beengt in einer hübschen, zart-
gelben Villa fast unmittelbar am Strand. Im dritten Sommer

indes können sie bereits Quartier nehmen in einer Vierzig-Zimmer-Residenz. Antoine Lumière hat das Anwesen im toskanischen Stil fern von La Ciotats engen Arbeitergassen hinter dem Quai des Belges mit seinen Bar-Tabacs, Bistros und Krämerläden, fern des lärmigen Werftgeländes, in dessen Becken Ozeanriesen ihres Stapellaufs harren, im eleganten Bäderbezirk erbauen lassen, auf einem großzügigen Grundstück zwischen Küste und Eisenbahnlinie.

Es ist diese 1859 eingeweihte Schienenverbindung zwischen Marseille und Toulon, der La Ciotat letztlich seinen Ruhm verdankt. Denn auf ihren Geleisen postieren Antoines Söhne Auguste und Louis im Sommer 1895 ihre neu entwickelte Kamera-Apparatur. Hier nehmen die Brüder jene dramatische Zugfahrt auf, deren Anblick die Freunde der Familie am Abend des 21. Dezember 1895 im Garten des Château du Clos des Plages ebenso in Aufruhr versetzt wie knapp zwei Monate später das erste öffentliche Publikum im Pariser „Grand Café". Wann immer es um die Anfänge des Kinos geht, wird bis heute in der ganzen Welt der sperrige Filmtitel zitiert: *„L'arrivée d'un train en la gare de La Ciotat".*

Also auf nach La Ciotat! Um fünf nach elf an einem meiner freien Montage steige ich am Gare Saint Charles in den TER, den Train Express Régional. Eine halbe Stunde später bin ich am Ziel.

Am Drehort des Lumière'schen Schauerstückchens von kaum dreißig Sekunden Dauer – eine Lokomotive rast scheinbar direkt auf den Betrachter zu und kommt erst außerhalb seines Blickfeldes zum Stehen – hat sich in den vergangenen gut einhundert Jahren kaum etwas verändert. Das zweigeschossige Bahnhofsgebäude, rosiger Quader mit weißen Paspeln, empfängt den Reisenden noch genauso wie einst.

Nur die großen Schwarz-Weiß-Reproduktionen wurden später an den Fassaden angebracht. Ebenso wie die Marmorplatte, auf der das „Comité Lumière" und das Fremdenverkehrsamt von La Ciotat in strengen Lettern an das Wirken der Filmpioniere Auguste und Louis Lumière in ihrem Städtchen erinnern.

Auch sonst sind die beiden Kinoväter in La Ciotat recht präsent. Eine Schule ist nach ihnen ebenso benannt wie die Lichtspielsäle in den einstigen Markthallen, vor denen – dienstags allerdings, wie ich bedauernd feststellen muss – der *marché provençal* abgehalten wird. Unter dem Doppelbildnis der Film-Brüder, das im Riesenformat die Kinofassade ziert. Kaum zehn Spazierminuten entfernt finde ich dann auch, am Schnittpunkt der Boulevards Jean Jaurès und Georges Clemenceau, nur einen Steinwurf vom Yachthafen entfernt, das 1889 erbaute Théâtre Eden wieder, durch dessen ursprünglich mit prachtvollen Boiserien und rotem Samtgestühl ausgestatteten Vorführsaal unter der milchigen Glasdecke ich einst streifte und wo ich jetzt hinauf auf die Bühne stieg, auf die Galerie. Eine freie Künstlertruppe arbeitete damals in dem maroden Konzert- und Theatergebäude, in dem 1899 der Dreiteiler „Le Royal Biographe" über die Leinwand flimmerte; ein Werk aus der Werkstatt der Gebrüder Lumière mit Szenen unter anderem vom Stapellauf eines Schiffs, von einer Eisenbahnfahrt in die Berge, von den Arbeiten im Hinblick auf die bevorstehende Weltausstellung, von einem Pferd, das mit dem Lasso eingefangen wurde – und von der ersten Mahlzeit eines Babys.

Vom Théâtre Eden über die benachbarte Renaissance-Kapelle und das postmoderne Théâtre du Golfe im ehemals kargen oberen Saal der Feuerwehrgarage führt die Küstenstraße in kühnem Schwung um den Rathausturm zum alten Fischerhafen. Auch heute noch schlägt hier wie zu Zeiten der Lumières das Herz der Stadt. Zwar hat man einige der alten Hafengassen hinter den Renaissance-Fassaden der „Hôtels Particuliers" an der Mole ein wenig zu heftig saniert, hat breite, gesichtslose Fußgängerzonen geschaffen. Und manche Kneipe, in der der Patron oder die Patronne einst die *rouille* zur Bouillabaisse noch eigenhändig servierte, wurde zum Fastfood-Shop oder zum vornehmen Restaurant umfunktioniert. (Ich erinnere mich sehr gut an „unsere" Fischsuppenkneipe, es war Mai, einer der heißesten in der Geschichte, wie uns alle unterwegs versicherten, wir waren mit dem Fahrrad von Cannes aus gekommen, und in Toulon fuhr mir ein Auto, dessen Fahrer die rote Ampel ignoriert hatte, in die Seite, sodass ich es nicht mehr bis Marseille geschafft hatte mit meinem verletzten Bein, sondern eben nur noch bis La Ciotat, wo wir ein Zimmer nahmen und eben dieses winzige Familienrestaurant fanden; oder vielleicht gehörten die beiden auch zusammen; das weiß ich nicht mehr ...)

Noch immer schaukeln aber bunte Fischerboote vor dem Quai des Belges auf den Wellen und ankern die kleinen Ausflugsschiffe, die im Sommer regelmäßig die Bucht von Cassis ansteuern, zu den Calanques in Richtung Marseille auslaufen oder hinübertuckern zu den steilen Stränden der Île Verte. (Dort hatten wir ein wunderbares Picknick genossen, spontan eingeladen von einer Familie mit zwei Kindern; es war das erste Mal, dass ich Rotwein mit Eiswürfeln trank; Monsieur hatte sie, wie auch die Flaschen, in der Kühlbox mitgebracht.) Geblieben sind auch die Schemen der Werft. Und das Licht, die Farben des *grand bleu*, jener scheinbar grenzenlosen Bläue, zu der Himmel und Meer hier, vor der Kulisse eines mächtigen, vereinzelten Felsens, verschmelzen.

Antoine Lumière, den passionierten Maler und Fotografen, so lese ich im Stadtmuseum, hatten dieses Aquamarin und Azur, die Gelb- und Rottöne der Dächer und Mauern gleich beim ersten Besuch betört. Ein Besuch, der übrigens auf Einladung von Lazare Sellier erfolgte, wie Lumière ein *Franc-Maçon* der „Loge Grand Orient de France". Der einstige Chefmechaniker der Messageries Maritimes verbrachte seinen Ruhestand in La Ciotat und erhoffte sich von dem betuchten Logenbruder, so heißt es in den Dokumenten, Unterstützung bei der Wiederbelebung der örtlichen Loge. Selliers Plan ging auf, mit der Gründung von „La Lumière du Sud" erblühte die Freimaurerbewegung in La Ciotat aufs Neue. Heute, so erfahre ich, gibt es zwei *loges* in der Hafenstadt.

„Ebenso viele wie in Arles oder Allauch, in Cavaillon oder in Digne Les Bains", präzisiert ein paar Tage später François in Marseille. Der Journalistenkollege beschäftigt sich schon seit geraumer Zeit mit dem Thema Franc-Maçonnerie in der Provence und wirft gern mit Zahlen um sich. „Siebzehn Loges Grand Orient in Aix, stell dir vor." Aber Marseille sei nach wie vor die Hochburg mit fast fünfzig dieser Einrichtungen. „Willst du mal eine Loge besuchen?" Warum nicht, französische Einrichtungen dieser Art kenne ich nicht. Schon bald bietet sich die Gelegenheit. Normalerweise ist unser Ziel in einer Gasse zwischen Cours Julien und Cour Lieutaud für Nichtmitglieder nur zu den „Journées de la Patrimoine" geöffnet, den Tagen des kulturellen Erbes. Dank François muss ich allerdings nicht auf ein solches Datum warten. Ein wenig atemlos kommen wir am oberen Ende der mit auffälligen Graffiti besprühten, im

Zickzack nach oben strebenden Straßentreppe an, die in die Gasse mit dem Logenhaus führt. Das typische Dreieckszeichen hängt über seiner schlichten Tür; der massive blaue Rollladen ist hochgezogen. An der hellgelben Fassade hat jemand seinem Unmut über jene, die sich hinter diesen Mauern versammeln, Gestalt verliehen: Ein brauner Pilz blüht da, und in Schimmelgrün prangen zu seinen beiden Seiten die Worte: *Franc-Maçons – Poison de la Nation*; Freimaurer, das Gift unseres Landes. „Fast fünfzigtausend Freimaurer allein in den Logen ,Grand Orient' gibt es in Frankreich", informiert mich François noch rasch. Drinnen im Logenhaus ist der Empfang überaus freundlich; man ist bemüht um offene Information. Es wird ein längerer Dialog; auch kritische Fragen zu Themen wie Frauen und die Loge, Glaubensrichtungen und die Loge werden von unserem Gesprächspartner, einem pensionierten Lehrer, recht gut pariert. Den *temple* in der ersten Etage indes finde ich trotz seiner Säulen und des gemalten Sternenhimmels enttäuschend; irgendwie hatte ich mir etwas Großartigeres vorgestellt als diesen einfach nur dekorierten Sechzigerjahre-Saal. Wahrscheinlich war ich von der Pracht der beiden mir bekannten Frankfurter Logen ausgegangen.

Am nächsten Abend, meinem vorletzten in Marseille, lädt mich Anne-Marie noch einmal ein. Aber nicht zu sich nach Hause; auch nicht zum Essen im Restaurant, wie sie verschwörerisch am Telefon verkündet. „Wir treffen uns an der Plage des Catalan, um kurz vor neun." Zum Strand? Am Abend? Na ja. Mit dem 83er Bus bin ich pünktlich vor Ort. Wundere mich über die Menschenansammlung auf dem Trottoir. „*Allô, ici!*", ruft winkend meine Fast-Spanierin, die in der Schlange der Wartenden schon bis kurz vor das Strandportal vorgerückt ist. Ein Engel steht dort, ganz in Weiß – und erbittet einem Obolus. Wofür eigentlich, will ich jetzt endlich wissen. „Schau doch, siehst du nicht den Konzertflügel da unten?", lacht Anne-Marie. *„Un piano au bord de l'eau.* Offiziell heißt die Veranstaltungsreihe allerdings ‚Un piano à la mer'.* Die Festival-Künstler gastieren zum Beispiel auch am Lac de Sainte-Croix, und in Estanque, am Plage de Corbières. Heute Abend spielt hier Pascal Wintz die Jazzklassiker der Dreißigerjahre; das ist mein Abschiedsgeschenk an dich. Wer weiß, ob ich es bis August nach Ménerbes schaffe; ich habe noch eine Menge Arbeit mit meinem Umzug in die Ardèche."

Gerührt stapfe ich an der Seite von Anne-Marie die Treppen hinab in den Sand. Erst machen wir es uns bequem auf einer der hölzernen Bänke des Betonstegs, zwischen uns das Papptässchen mit Espresso und der Plastikbecher mit billigem Rosé aus der Fünf-Liter-Box, beides erstanden bei den jungen Männern und Frauen des Blechcontainer-Strandbar-Cafés. Nachdem das Engelsduo (ja, es schwebte noch ein zweites weißes Wesen ein am Plage des Catalans) seine Akkordeon- und Stimmdarbietung unter dem schiefen Sonnenschirm beendet hat, ziehen wir jedoch um an den Saum des Wassers. Wie eine Kreuzung aus Floß und Beiwagenmotorrad wirkt der Konzertflügel, den bislang noch kein Schweinwerferlicht erhellt, aus der neuen Perspektive; ein schwarzer Schemen auf zwei Balken und drei Ballon-Gummi-Rädern, akzentuiert von einem einzelnen Ruder, das theatralisch schräg vor dem Instrument lehnt wie ein umgefallenes Ausrufezeichen: Seht her, das hier ist eine Art Klangboot, zur Not wird der Künstler paddeln.

Jetzt aber zieht dieser sich erst mal oben auf dem Betonsteg einen – wahrscheinlich wollenen – *veston* als Kälteblocker über sein weißes Hemd und unter das schwarze

Jackett (nein, kein Frack, wir sind schließlich nicht im Konzertsaal, sondern am Strand). Dann ein letzter Schluck des Künstlers aus der Colaflasche, die Engel-Musikerinnen haben seinen Auftritt schon kreischend angekündigt, sind dann sofort verstummt und verschwunden. Federnden Schrittes also schreitet nun der Pianist die Steinstufen herab, stapft durch den Sand in Richtung seines Instruments, steigt hinauf auf das Floß-Podest, wirft sich in Positur und fängt an, in die Tasten zu greifen, anzuspielen gegen den Wind und gegen das Lied der Wellen. „Moonglow", „Sweet Lorraine", „Smoke Gets In Your Eyes", ein wunderbarer Klassikerreigen, bei dem die weißen Schaumkronen auf dem schwarzen Kräuselsamt des nächtlichen Mittelmeeres für die Kulisse sorgen und später zudem drei Zuhörerinnen, die sich zu den Klängen, die der Mann mit Melone dem *piano au bord de l'eau* entlockte, im und am Wasser wiegen.

„Boogie-Woogie on the beach", tippe ich in mein Handy und schicke die SMS auch gleich los an den Adressaten, von dessen stilübergreifender Musikbegeisterung ich mich noch vor meiner Abreise aus Deutschland hatte überzeugen können. „Blue Moon" als Zugabe, just in dem Moment geben die Wolken die scharfe Mondsichel preis. Merci Monsieur Wintz, merci Anne-Marie. Applaus euch allen beiden für diese grandiosen Abend.

April

Im Zeichen der Künste

„Falscher" Wind: Mild und böig füllt er auf seinem Weg von Südosten den grauen Morgen mit allerlei Geraschel, Geschabe, Geflatter. Rasch ziehen die Wolkenwände über Hügel, Bergrücken, Baumwipfel und Dächer. Mühsam bändige ich die Zeitung auf der Terrasse vom „Le Progrès"; niemand trinkt dort heute seinen *petit café* außer mir. Ich bin zurück in meinem Dorf. Trotz aller Warnungen will ich den Sommer in Ménerbes verbringen; na ja, und auch schon Ostern. Madame und Monsieur Loiret zeigten sich *ravis*, als ich ihnen am Telefon mein Ansinnen kundtat. Sie seien entzückt, mich erneut begrüßen zu dürfen als Mieterin. Ich bin es ebenso. Wir hatten zwar Kontakt gehalten während des Winters, durch einige Anrufe, doch da das Paar schon vor den Weihnachtsfeiertagen zu einem langen Besuch bei Kindern und Enkeln aufgebrochen war, verlief der Austausch äußerst sporadisch. Nun aber bin ich wieder „zu Hause". Und voller Neugier. Was ist geschehen inzwischen im Dorf und in der Umgebung? Was tut sich, worüber und über wen wird getuschelt?

„Der Wind treibt gerade viele um", sagt Madame Loiret, „im ganzen Luberon. Oder genauer: die Energie, die man aus ihm gewinnen möchte." Der Verein „Luberon Nature" habe zu dem Projekt „Schema Régional Éolien", das bis zum Jahr 2030 gut sechshundert Windräder in der gesamten Region vorsieht, gerade eine erste Stellungnahme publiziert. – „Eine Protestnote!" Landschaft und Tourismus würden leiden unter den fast 140 Meter hohen *éoliennes*, heißt es darin; ihr Energieausstoß hingegen sei *dérisoire*, einfach lächerlich: läppische fünfhundert Megawatt bis 2020 und rund zwölfhundert bis 2030; das entspräche etwa 0,2 bis 0,5 Prozent des jährlichen Stromverbrauchs im Lande.

Was Monsieur Patrick von dem Thema Windenergie hält und von der Protestnote des Vereins, konnte ich ihn noch nicht fragen. Der Wirt des „Le Progrès" saß heute morgen am ersten Tisch mit einer eleganten Dame, die ich später die Gasse zu Madame la Boulangère hinunterstöckeln sah; in hochhackigen Pantoletten, das feinmaschige Jäckchen wehte ihr um die Schultern. Mit meinem frischen Stück *quiche provençale* im Papier – die Alternative, die Bäcker Cyril heute Morgen in den Ofen schob, wäre eine *tarte aux petits légumes* gewesen, Erbsen, Karöttchen et cetera – frage ich Jean-Pierre, der, noch ohne Arbeitsschürze, dafür mit forschendem Blick zum Himmel auf der obersten Treppenstufe seines Ateliers steht, zu seiner Meinung bezüglich der *éoliennes*. Entschuldige mich aber zuvor, dass ich unsere gestrige Verabredung zum *petit café* nicht einhalten konnte, weil ich gleich zwei Kuchenteige zu rühren hatte (das erzähle ich ihm allerdings nicht, sondern nur von den Gästen, die schon zum frühen Aperitif eintrafen). „*Alors, cet après-midi?*", fragt er ohne eine Spur von Ärger; dann eben heute Nachmittag. *D'accord*; einverstanden.

Zuvor bin ich noch mit Madame Mireille verabredet, für einen Spaziergang zum Kapellchen unterhalb des Schlosses. „Ich hoffe, sie werden mir den Schlüssel geben auf dem Rathaus", hatte sie etwas ängstlich am Vortag gesagt. Und ob ich denn auch bei Regen gehen wolle? *Évidemment!* Strahlend wie ein kleines Mädchen, das sich auf ein großes

Abenteuer freut, gab sie zurück: „*On prendra alors un grand parapluie.*" Ein Ausflug mit großem Schirm ...

Nicht nötig. Und auch eher unpraktisch bei den Böen, die immer wieder um die Straßenecken toben wie der Enkel von Madame Gaby und die Kinder des neuen Bäckers mit ihrem Skateboard und der *trottinette,* dem Klapproller mit den winzigen Rädern.

Meine neue Freundin Mireille steht bereits vor ihrem Haus, einen blauen Müllsack in der Hand, aber noch ohne Jacke oder Tasche. „Ich habe schon angerufen, weil ich Angst hatte, wir verpassen uns. Ich war unten in der Chapelle Saint-Blaise, wo der neue Pfarrer gerade Großputz macht." – „Das habe ich gesehen, die Tür stand weit auf, und das Staubsaugerbrummen war bis auf die Straße zu hören." Das Klingeln meines Telefons indes ging wohl im Tosen des Windes unter. „Auf welcher Nummer haben Sie denn angerufen?" „*D'abord votre portable, mais ça ne répondait pas; puis chez les Loiret.*" Mein Handy antwortete also nicht; der Festnetzanschluss liegt jedoch nur in der Wohnung meiner Vermieter. Und die sind heute „ausgeflogen", auf Klostertour mit Freunden.

Während Mireille eine Strickjacke und einen kleinen Umhängebeutel holt, erbitte ich im Rathaus gegenüber den Schlüssel zur Kapelle. Am Bund hängen zwei: ein großer, halb verrosteter, und ein silbern glänzender kleiner; frisch nachgemacht offenbar. Dann schnappe ich mir Mireilles *sac poubelle,* um ihn ein paar Schritte weiter in eine der sechs Tonnen hinter der Eisenpforte gegenüber der Galerie Adel zu versenken, dem legendären „Müllturm" von Madame Coxe. Zügigen Schrittes dirigiert mich Mireille nun die Straße hinab – nicht ohne vorher noch bei Paulette, in der Galerie, vorbeigeschaut, drei Küsschen mit der Hüterin von Skulpturen und Gemälden internationaler Künstler gewechselt und ihr das Ziel unseres Ausflugs genannt zu haben. *„Elle est ouverte, la chapelle?"*, fragt die Galeristin. *„Non, mais j'ai les clés – les clés du paradis."* Für ihre 72 Jahre ist Mireille ganz schön kokett.

Der Weg zu dem steinernen Paradies entpuppt sich nach der breiten Rampe zum Anwesen des pensionierten britischen Ministers als schmaler, steiler, steiniger Pfad, gesäumt von Nussbäumen und allerlei Gestrüpp. Hunderte Male dürfte Mireille ihn schon gegangen sein, so sicher, wie sie zwischen den weißen Rundkieseln balanciert. „Lassen Sie uns erst mal hinter die Kapelle schauen, ob da sauber gemacht wurde." Keineswegs. Auch hier Brombeergestrüpp, *machis*, mannshohes Unkraut. Und in einer Senke zwei Autowracks. Absichtlich lasse der Grundstücksbesitzer die hier verrotten, behauptet meine Begleiterin, dickköpfig sei dieser Mensch, ähnlich wie ihre beiden Brüder; er wolle sein Terrain nicht verkaufen, deshalb die Rostlauben und der Wildwuchs. Mireille kennt offenbar jeden im Dorf und weiß fast alles über die, die in ihm ansässig sind, ob von Geburt oder erst seit ein paar Monaten.

Beim Portalgitter von Notre-Dame de Grâce jedoch versagt Mireilles Wissen. Oder besser: ihre Erinnerung. Vergeblich müht sie sich mit dem Schlüssel; bittet letztlich um meine Hilfe. Der glänzende Sesam-Öffne-Dich hebt sich deutlich ab von dem rostigen Schloss und den verrosteten *grilles* zum Schutz des wuchtigen Holzportals. Schwer dreht sich auch hier der Schlüssel, zwei Mal, drei Mal, dann schwingt der massive Türflügel auf. *„Quel bordel!"*, entfährt es mir, welches Durcheinander. Unseren Augen bietet sich ein erbarmungswürdiger Anblick. Graue Schalenstühle in unordentlichen Stapeln, Spinnweben überall, der Fußboden übersät mit trockenem Blattwerk. Durch die Leinwand der Gemälde an den Wänden schimmern die Köpfe rostiger Nägel; von so manchem blättert bereits die Farbe.

Mühsam entziffere ich eine Signatur auf den aus der Tristesse des Raumes leuchtenden Bildern: Georges de Pogedaieff. Schon wieder ein Russe? „Oui", nickt Mireille, „er hatte sein Atelier unterhalb des Chemin du Portail. Ich kenne das Haus, es steht wieder zum Verkauf; ich habe die Schlüssel." Und was weiß sie noch über den Künstler? „Er trank viel, man brachte ihm immer etwas, wenn er malte ... und seine Frau nannten sie im Dorf La Sibérienne." Woher Mireille von all dem Kenntnis hat? „Ich war tatsächlich noch sehr klein damals, aber meine Eltern haben es mir später erzählt."

Georges de Pogedaieff also. Geboren in Pogedaieffka bei Kursk, 1897. Ausgebildet in Moskau; Designer in Sankt Petersburg. Malt zahlreiche russische Persönlichkeiten, emigriert nach Berlin, stellt aus in Wien und Paris, wo er schließlich 1930 sesshaft wird. Arbeitet auch als Kostümdesigner, für das Ballet Russe von Diaghilew unter anderem. Illustriert die großen Autoren seiner Heimat: Gogol, Dostojewski, Tschechow. Die Provence ist sein Sommerziel, immer wieder, bis kurz vor seinem Tod, den manche ins Jahr 1971 datieren, andere sechs Jahre später. Von Ménerbes malt Pogedaieff allein in den Sechzigerjahren ein gutes Dutzend Ansichten und Details, eine Gewitterszene etwa, das Rathaus (von Osten), die Zitadelle, La Tourneuf. Zudem Stilleben und Stimmungen der Region: Sommer, Herbst, Sonnenblumen mit zwei Pfirsichen und einem Glas Rosé. Das Konvolut wurde erst kürzlich bei „Drouot" in Paris versteigert. Alle Werke waren signiert und datiert. Die in expressionistischer Manier gestalteten Bilder in der Chapelle

Nôtre-Dame de Grâce – darunter ein rothaariger Engel mit Schwert und mit riesigen, pinkfarbenen Flügeln; eine in grünes Tuch gehüllte Schäferin mit Lämmchen auf dem Schoß vor einer sichtlich provenzalischen Landschaft und die Heiligen Drei Könige bei der Anbetung des Jesuskindes – sind hingegen undatiert. Zumindest lassen sich keine Jahreszahlen auf der Vorderseite entdecken.

Mireille seufzt, lenkt meinen Blick noch auf die Bas-Reliefs – „von Barthelmy, Antonin Barthelmy, soweit ich weiß; ein Steinmetz aus der Gegend" –, dann zieht sie keck am Glockenstrang. Ein leises Bimmeln steigt in den Himmel. „Die Glocke heißt Mireille, so wie ich", schmunzelt das agile Persönchen. Und erzählt rasch noch von der Restaurierung der Kapelle. „Ein Schweizer hat die Arbeiten bezahlt, ist gar nicht lange her, vielleicht sieben Jahre. Aber dann gab es zwischen ihm und dem Bürgermeister offenbar ein Zerwürfnis." Und nun sei er weg, der spendable eidgenössische Mäzen.

Zurück ins Dorf nehmen wir den kürzeren Treppenweg. Kurz vor dem Aufgang steht ein Baum mit fast schwarzen, winzigen Beeren an fadendünnen, langen Stielen. Die Früchte schmecken mehlig-süß; um ihren Kern unter der festen, dünnen Schale schmiegt sich nur wenig Fleisch. „Micocules", erklärt Mireille. Die gebe es nur hier, in der Provence. Man verwende sie manchmal in der Patisserie. Mir sind die Kügelchen bislang noch in keinem Gebäck, keinem Törtchen begegnet. Ich stecke ein paar in meine Jackentasche. Im Netz finde ich irgendwann die Übersetzung und Erklärung: Der *micocoulier du midi* ist ein Zürgelbaum …

Mit Paulette, der Galeristin, beratschlagen wir später, ob nicht etwas unternommen werden sollte in Sachen Podgedaieff-Gemälde und Kapelle. Denn ein Fenster ist schon wieder kaputt, Feuchtigkeit dringt ins Innere des Gebäudes. „Lassen Sie sich doch mal einen Termin geben beim Bürgermeister", rät mir Madame Loiret, als ich ihr von meinem Ausflug zur Kapelle erzähle. „Ach", sage ich, „Monsieur Le Maire ... Ich möchte lieber noch von Ihnen etwas wissen, über diesen Musiker." – „Sie meinen Monsieur Duruflé?" Genau. „Madame Gaby hat mir schon erzählt von seiner Schwägerin, Madame Eliane. Er ist doch hier in Ménerbes beerdigt, ebenso wie seine Frau."

Madame Loiret holt tief Luft. Und dann erfahre ich die ganze Geschichte: Maurice Gustave Duruflé, einer der herausragenden Vertreter der von César Franck begründeten großen französischen Organistenschule, 1902 geboren in Louviers, Organist an der Pariser Kirche Saint-Étienne-du-Mont, Bach-Spezialist, Professor für Harmonielehre am Conservatoire der französischen Metropole, geht im Alter von gut fünfzig Jahren seine zweite Ehe ein. Die Auserwählte, eine gewisse Marie-Madeleine Chevalier, ist ebenfalls Organistin, zwanzig Jahre jünger, seit geraumer Zeit seine Assistentin – und stammt aus Marseille.

„Duruflé lernte sie in Paris kennen; Ende der Vierzigerjahre." Die junge, talentierte Musikerin hatte zwar schon 1938, am Ende ihres Studienjahres in Avignon im Rahmen eines Konzerts des legendären Marcel Dupré in der dortige Église Saint-Agricol eine Einladung an das Hauptstadt-Konservatorium erhalten; da war sie gerade siebzehn. Und schon seit vier Jahren Titular-Organistin an der Kathedrale von Cavaillon, wohin die Familie Chevalier kurz nach der Geburt ihrer ersten Tochter umgezogenen und nach einem Zwischenspiel in Paris zurückgekehrt war. „Doch statt die Offerte des berühmten Musikpädagogen und Komponisten

Dupré anzunehmen und an die Seine zu übersiedeln, zog Marie-Madeleine es vor, während der Kriegsjahre im Süden zu bleiben." Sie arbeitet allein, gibt ab und zu ein Orgel- oder Klavierkonzert in der Region. Ihre Familie hat Besitz in Ménerbes, ein Haus und einen *pavillon* – „die beiden Pförtchen aus Eisenstäben sind bis heute identisch", weiß Madame Loiret – regelmäßig verbringt man die Ferien dort. „Auch Marie-Madeleine und ihr Mann waren häufig zu Gast, wenngleich ihre gemeinsamen Konzertreisen sie, vor allem ab Mitte der Sechzigerjahre, weit hinausführen in die Welt, durch ganz Europa, nach Nordamerika und Russland."

Es ist daher, wie ich bald merke, nicht das berühmte und so gegensätzliche Organistenpaar – er ein scheuer Interpret, sie eine extrovertierte, brillante Technikerin –, sondern vor allem Eliane Chevalier, die zwei Jahre jüngere Schwester von Marie-Madeleine, ebenfalls eine Musikerin, von der im Dorf noch die meisten Erinnerungen lebendig sind. Bei Madame Roche zum Beispiel. Strahlend holt die Bäckersfrau den silbernen Taufbecher für ihren Sohn hervor, den Eliane Chevalier ihm einst schenkte. Und Madame Gaby schildert mir ebenso lächelnd wie detailgenau jenen 13. August 2001, an dem Madame Eliane ihre Seele aushauchte. „Als ich anrief wie üblich am Morgen, nahm sie das Telefon nicht ab. Ich versuchte es später ein zweites Mal. Wieder vergeblich. Da machte ich mich auf den Weg zu ihrem Haus. Ich fand sie im Bett; alles war ordentlich. Sie muss aufgestanden sein wie immer und sich dann noch mal hingelegt haben."

Nun ruht sie oben auf dem Friedhof, an der Église Saint-Luc. Dort, wohin man auch ihre Schwester überführt hatte und deren Mann, die beide ihr Leben nahe ihrer hauptsächlichen Wirkungsstätte beschlossen, in Paris und

Louveciennes. Mit dreizehn Jahren Abstand indes, in denen Marie-Madeleine ein rauschendes Comeback feierte, mit Konzerten und Tourneen in der ganzen Welt. Ihren letzten öffentlichen Auftritt absolvierte sie acht Jahre vor ihrem Tod, 1993 in New York.

Und der Chevalier'sche Besitz? Eines der beiden Gebäude ist noch immer in den Händen der Familie; jenes, in dem, wie sich eine Nachbarin erinnert, das Foto von Eliane und Marie-Madeleine mit ihrer Großmutter hing, einer Klavierlehrerin, die den Mädchen in Cavaillon den ersten Unterricht gab. Jenes, in dem natürlich auch ein Piano stand; jenes mit der kleinen Bibliothek von Vater Chevalier, jenes mit dem Kamin im Speisezimmer und mit der antiken Truhe ... Inzwischen kenne auch ich das Che-valier'sche Haus und weiß, wo der *pavillon* steht, der veräußert wurde. So wie ich weiß, wie Monsieur Loiret sein *pistou* zubereitet und dass in der Épicerie regelmäßig frischer *fromage de Banon* angeliefert wird, direkt vom Produzenten.

Eigentlich würde ich ja gern wieder hinauffahren in das Tausend-Seelen-Örtchen, das dem in Kastanienblätter gewickelten *chèvre* seinen Namen gab; dem einzigen Käse mit dem Schutzsiegel Appellation d'Origine Contrôlée aus der Region Provence-Alpes-Côte d'Azur. Nur noch vage kann ich mich erinnern an meinen ersten und einzigen Besuch des Dorfs; Lavendel- und Kornfelder umgaben es.

„Ich fahre nächste Woche in Saint-Christol jemanden besuchen", sagt meine Wanderfreundin, als ich ihr von meiner Banon-Idee erzähle; „da kann ich dich mitnehmen. Und während ich bei meinen Bekannten bleibe, kannst du für gut zwei Stunden mein Auto haben. Reicht dir das an Zeit für dein Ziegenkäsedorf?" *Mais oui,* das ist ja ein wunderbares Angebot. Die *fromagerie,* in der wir damals einkauften, schon ein wenig außerhalb des Ortes, dürfte wohl wieder zu finden sein. Oder ich frage einfach vorher die Damen in unserer Épicerie. *„Route de Carniol",* lautet dort prompt die Antwort. „Ist aber immer nur nachmittags geöffnet, ab halb drei." Na, das passt ja bestens.

„Wenn du schon in Banon bist, musst du unbedingt auch in der *Librairie Le Bleuet* vorbeischauen", erinnern mich die Loirets (wir sind vom „Sie" zum „Du" übergangen, seit ich zurück bin aus Marseille). Natürlich, Joël Gattefossé, wie konnte ich den vergessen. Der Buchhändler, der aus dem schmalen Häuschen mit den hellblauen Fensterläden und Kornblumen auf der gelben Fassade in die ganze Welt versendet. Bis zu fünfhundert Bestellungen täglich. Bekommt er jetzt nicht ein neues Domizil für seine Bücher? „In der Zeitung stand, er werde künftig fast achtzehnhundert Quadratmeter zur Verfügung haben; ein hypermodernes Gebäude, extra für ihn und seine *livres* gebaut. In der *zone artisanale* am Ortsrand. Mit begrüntem Dach und Solarzellen. Dreihunderttausend Titel soll er dort dann vorrätig halten können." Glückwunsch, Monsieur Gattefossé ...

„Wenn du möchtest, fahren wir auf dem Heimweg noch über Sault", bietet die Wanderfreundin großzügig an, „in Saint Christol gibt es ja nicht so viel außer der extrem reinen Luft, davon hast du sicher schon gehört. Nicht ohne Grund steht ganz in der Nähe die Sternwarte der Hochprovence. Im August und Oktober kannst du dort aufgrund der Meteorenströme eine wunderbare Fülle an Sternschnuppen sehen." Dann sollte ich wohl wieder mitfahren beim nächsten Bekanntenbesuch auf dem Plateau d'Albion ... Und Sault – natürlich sehr gerne! Leider ist es ja noch zu früh für die Lavendelblüte; frühestens im Juni entfalte sich die violette Pracht. Und im Juli wird schon geerntet.

Mai

Boulisten und Bratapfelgeplauder

Das Ei ist weg! *„Enfin"*, frohlocken die Bekannten aus La-
coste, mit denen ich zum Ausklang des Markttags im benachbarten Bonnieux zum Mittagessen an der Place du
Terrail sitze. Endlich! Monatelang war die ovale, knallrote
Skulptur von Patrice Breteau vor der Galerie des Résiden-
ces von Pierre Cardin ausgestellt in Lacoste. Und einigen
Lacostois trotz aller Rundungen ein solch spitzer Dorn im
Auge, dass sie sogar eine *pétition* gegen das drei Meter hohe Werk verfassten. Und zwar schon acht Tage nach seiner
Platzierung vor der Galerie mitten im Ort. *„Je me suis douce-
ment marré"*, diktierte der Künstler damals einem Reporter
in den Notizblock. Tatsächlich dürfte er sich mehr als nur
ein wenig amüsiert haben über die Eingabe seiner Gegner,
verhalf sie ihm und seinem „Atlantic Egg" doch binnen
Kurzem zu einem unerwarteten Bekanntheitsgrad.

*„Nous avons constaté que Pierre Cardin avait installé de-
vant l'ancien Café de Sade une sculpture imposante et beaucoup trop visible"*, hatten die Kritiker des Breteau'schen
Oeuvres formuliert. Man sei sich „zwar bewusst, dass die
imposante Skulptur vor dem ehemaligem „Café de Sade"
auf dem Grund von Pierre Cardin stehe, aber dennoch der
Überzeugung, dass dieses Objekt viel zu sichtbar sei, seine Umgebung verunstalte und nicht zur Authentizität der
Örtlichkeiten passe", hieß es in der von dem aufrechten
Anti-Ei-Dutzend an die Verantwortlichem im Rathaus über-
gebenen Protestnote. „Ihr Initiator war angeblich ein Künst-

ler aus dem Ort", erzählen meine Bekannten. Und dass der Épicier ziemlich gereizt Gegenposition bezogen habe – mit den Worten: *„C'est de l'art, ça n'a pas à être beau ou laid, et en plus, c'est temporaire!"*

„Ob Kunst tatsächlich weder schön noch hässlich zu sein braucht, darüber lässt sich schon trefflich streiten. Und dass die Aussage ‚zeitlich befristet' auch nicht immer bindend ist, haben wir ja bei den Händen gesehen, oben am Schloss", ereifert sich der männliche Part meines Lacoster Bekannten-Paares. „Du meinst wohl diese zum Himmel weisenden, weit geöffneten Arme ohne Schultern und Rumpf", präzisiert die Gattin. „Hände, Arme, Hörner mit Fingern dran ... wie auch immer!" Die Teilnehmer des Savanna Art Colleges, dessen amerikanische Empfangsdame uns eines Nachmittags ziemlich rüde in kaum verständlichem Französisch das Parken vor einem Treppenabgang untersagte (von dem wir längst gut einen Meter Abstand gehalten hatten), posieren jedenfalls meist ganz verzückt vor der aus der Ferne recht filigran wirkenden, auf einem schmalen Sockel scheinbar balancierenden schwarzen Skulptur.

Patrice Breteau blies kurioserweise eher ins Horn seiner Gegner; der Kritiker seiner Kunst. Tatsächlich gebe es doch einen unheimlichen Kontrast zwischen der Ei-Skulptur und dem Dorf. Aber genau das sei ja die Idee gewesen: *„Cet objet est si différent qu'il doit venir du cosmos!"* So anders sei dieses Objekt, dass es aus Weltraum stammen müsse. Und mit dem Weltraum, da kennt Monsieur Breteau sich aus: Seit einem Vierteljahrhundert ist er schließlich einer der offiziellen NASA-Künstler. Und hat als solcher nicht nur ein „Atlantic Egg" geschaffen, sondern gleich eine Serie von acht ...

„Cosmique" oder nicht, das Lacoster Ei ist jetzt jedenfalls weg. „Ein Emir aus Abu Dhabi hat es gekauft – als Geschenk für den Kultusminister Marokkos in Marrakesch."
So stand es jedenfalls in „La Provence".

Auch das Kirchengerüst in Ménerbes ist verschwunden. Wann genau, habe ich allerdings vergessen zu fragen.
Bei einer meiner regelmäßigen Abendtouren waren mir
auf dem Weg zu Saint Luc nur erstmals die drei zugemau-
erten Fenster in der Gasse aufgefallen; zugemauert und
mit Farbspuren, wie verblichene Kreuzweg-Fresken. Die
Loirets meinten sich zu erinnern, dass tatsächlich auch in
diesem großen Haus einmal ein Künstler lebte und auf den
Putz in den Fensterquadraten malte.

Kirchengerüst weg, Künstler weg. Und auch die Schafe
sind nicht mehr da. Jedenfalls nicht mehr in der Ebene, wie
die Zeitung berichtet. Jedes Jahr, wenn die trockene Zeit
beginnt, wenn das Wasser knapp wird und das Gras nicht
mehr ausreicht, um die Tiere zu ernähren, verlassen die
Schäfer mit ihren Herden die angestammten Weideplätze –
vers les alpages, in Richtung Almen. Mit Lastwagen geht es
in fruchtbarere Höhen, schon im Mai normalerweise, und
zurück Anfang Oktober, spätestens aber, wenn der erste
Schnee schon in den Wolken hängt.

Früher bewältigten Menschen und Tiere den langen
Weg in die Berge und *retour* nur mit der Kraft ihrer eige-
nen Beine. Gut zehn Tage waren die Herden oft unterwegs.
Tausende von Schafen drängten dann mitunter durch die
Dörfer. In manchen Regionen des Südens lässt sich dieses
Spektakel auch heute noch erleben; denn längst haben die
Touristiker das Thema *transhumance* entdeckt. „In Jonquiè-
res und in Saint-Rémy feiern sie jedes Jahr das Transhu-
manz-Fest; willst du dir das nicht mal anschauen?", locken

meine Vermieter. Ich kenne den Schafauf- und -abtrieb aus Tirol, erinnere mich noch gut daran, dass wir mit einem Male dicht umdrängt mitten in der Herde standen, dass mir irgendwer irgendwann ein Lämmchen in die Arme drückte und dass der Geruch nassen Schaffells noch tagelang in meiner Kleidung hing. „In Saint-Rémy passiert dir das sicher nicht, da geht es recht gesittet zu. Die Schäfer und ihre Herden machen in der Regel am Vormittag, so gegen halb elf, zwei Mal die Runde durch den historischen Ortskern. Rund dreitausend Tiere sind da schätzungsweise unterwegs, nicht nur Schafe, sondern auch Ziegen und Esel. Am Nachmittag, nach dem rustikalen Mittagessen, werden die Herden auf dem Plateau von Petite Crau, oberhalb des Ortes Saint-Rémy, dann sortiert und die Schäfer zeigen, wie sie arbeiten, und erläutern die Aufgaben ihrer Hunde." – „Und in Jonquières?" – „Da werden an die zweitausend Schafe durch den Ort getrieben. Vorneweg trabt ein Dutzend Esel, ihre Besitzer führen sie am Seile und tragen die traditionelle provenzalische Tracht. Musikanten untermalen das Spektakel und es gibt noch allerlei weitere folkloristische Darbietungen. Sogar eine provenzalische Siesta haben sie mal auf offener Straße nachgespielt ..." – *Eh bien*, ich überlege es mir; die Traditionsbegeisterung der Provenzalen macht mir mitunter ein wenig zu schaffen.

Manchmal bin ich aber auch ganz angerührt von ihr. Wie letzten Freitag. Als ich mich kurz vor der obligaten *pause de quatre heures* mal wieder aufmache zu einem Spaziergang durchs Dorf, höre ich vom unteren *boulodrôme* aufgeregte Kinderstimmen. Neugierig geworden, nähere ich mich. Unter den Platanen wuseln mindestens zwanzig Jungen und Mädchen herum; mit kleinen Exemplaren der silbernen Metallkugeln in ihren kleinen Händen und blauen

Schirmmützen auf dem Kopf. Zwei erwachsene Frauen versuchen, die Horde unter Kontrolle zu halten. Ich erkenne Julie, eine Lehrerin der École Clovis Hugues. „Wir haben kurz nach Ostern begonnen, die Schüler im Boulespiel unterrichten zu lassen", erzählt die Grundschul-Pädagogin. Acht Mitglieder der S.B.M., der „Société Bouliste Ménerbienne", bringen den Kleinen nun jeden Freitag bis zu den Sommerferien die Grundregeln und Kniffe des Traditionsspiels bei.

Ganz uneigennützig handeln die kugelschwingenden Männer dabei offenbar nicht: „Boule nimmt viel Zeit in Anspruch, es ist zum Sport der Alten geworden. Wir müssen für Nachwuchs sorgen", seufzt einer der erfahrenen Boulisten. Die Rechnung scheint aufzugehen; mit viel Eifer sind die Kinder dabei. Kaum eines von ihnen tritt noch über den Standkreis hinaus, fast alle halten die Kugeln schon korrekt, haben gelernt, die eigenen von jenen der anderen zu unterscheiden. Die kleine Sophie – „Ich bin schon sieben!", erklärt sie ungefragt – taumelt noch ein wenig beim Zielen. Ihr Wurfergebnis ist allerdings nicht schlecht. Zwar liegt die Kugel von Antoine deutlich näher am *cochon*, dem Schweinchen, das es zu erreichen gilt. „Aber ich ja bin ja noch mal dran!", tröstet sich Sophie einfach selbst. „Im Juli, zum Schuljahresende, werden wir ein richtiges Turnier veranstalten", verrät mir Julie schließlich noch; „da dürfen dann auch die Eltern zuschauen kommen."

Vielleicht sollte ich auch mal bei den Herrschaften von der S.B.M. vorstellig werden, mir beim nächsten Dorf-Markttag ein Set Boulekugeln kaufen und mich einreihen zumindest in die Riege der Abertausenden von Sonntagsspielern in der Region, so wie seinerzeit Mireille Mathieu, die im weißen Sommerkleidchen und silbrig schimmernden High

Heels die Teilnehmer der Pétanque-Weltmeisterschaft in Marseille entzückte. Oder wie Gérard Dépardieu, der just in diesen Tagen seine Wurfkraft und -Geschicklichkeit vor laufender Filmkamera unter Beweise stellen konnte; in Martigues unter anderem, wo Szenen einer Kinoproduktion entstanden, die ganz und gar dem zweiten Nationalsport der Franzosen gewidmet ist. „Les Boulistes" heißt das Werk, und angelegt ist es als Hommage, nicht als Karikatur im Stil von „les Ch'tis".

„Immerhin gibt es allein in unserer ,Ligue Paca de Pétanque et du Jeu Provencal' 580 Clubs mit 45 000 konzessionierten Spielern", klärt mich einer unserer Dorf-Boulisten auf. Damit stehe die Region Provence-Alpes-Côte d'Azur landesweit an erster Stelle.

Eigentlich kein Wunder, denke ich, schon Marcel Pagnol beschreibt ebenso liebevoll wie ausführlich das uralte provenzalische Kugelspiel, dessen „moderne" Variante sich, glaubt man all den Geschichten, einem Greis aus La Ciotat verdankt. Dieser war (so heißt es, und so hatte mir es mein Museumsbesuch in dem einstigen Werftstädtchen in Erinnerung gebracht) aufgrund seines Alters nicht mehr in der Lage, den Wurf aus der üblichen Lauf- oder Schrittbewegung heraus zu tätigen; er konnte sogar kaum noch stehen, sondern saß meist auf einem Stuhl und schaute traurig seinen Boulekameraden zu. Eines Tages zog er vor seiner Sitzgelegenheit jedoch einen Strich auf dem Boden, stellte hinter diese Markierung die Füße (provenzalisch: *pé*) so eng nebeneinander, dass sie fast wie aneinandergefesselt wirkten (provenzalisch: *tanqué*), und schleuderte seine Kugeln. Man schrieb das Jahr 1907...

Und nun also ein Film über „Les Boulistes". „Auch eine Briefmarke gibt es über unseren Kugelsport – anlässlich der diesjährigen Pétanque-Weltmeisterschaft in Marseille. Sammleredition, 89 Cent." Und wie sieht sie aus? „Drei silberne Kugeln nahe bei einem weißen Schweinchen auf goldgelbem Grund." Da muss ich auf dem Heimweg wohl gleich mal am Postschalter vorbeischauen. „Weißt du eigentlich", fragt Julie unvermittelt in meine Überlegungen hinein, „dass der Präsident der ‚Ligue Paca' eine Frau ist?" Nein, natürlich wusste ich das nicht. „Lucette Coste, aus Valréas."

Allez les filles! Vielleicht sollte ich wirklich, schon aus weiblicher Solidarität …? Aber irgendwie fehlt es mir an Muße, nun kommen schon wieder Freunde zu Besuch, da bleibt wenig Zeit zum Trainieren. Außerdem habe ich noch den Haushaltsjob bei dem alten Ehepaar in Lauris, da fallen schon drei Mal die Woche einige Stunden weg. Und ein paar Ausflugspläne habe ich auch noch.

Auf dem Heimweg vom Boulodrôme blinkt mich aus der Ferne das grüne Apothekenkreuz an. Mir fällt ein, dass meine Zahncreme allenfalls noch für ein einmaliges Putzen reicht – und hoffe inständig, den schönen jungen Pharmacien hinter dem Verkaufstresen anzutreffen. *Hélas* – das Leben beschert mir die hagere Dame mit dem schütteren Pferdeschwanz und ihre dralle junge Kollegin. Beide plaudern mit einer Kundin, die zwar, wie ich mühelos mitbekomme, nicht in Ménerbes wohnt, aber offensichtlich Familie hat im Ort. Das Trio unterhält sich – nun mit etwas gedämpfteren Stimmen, während ich noch die Shampoo- und Körperlotion-Auswahl betrachte – über das zunehmende Aussterben von Dörfern wie Oppède-le-Vieux und Maubec und über die Ideen der jeweiligen Bürgermeister, dieses Aussterben zu stoppen, mit unterschiedlichen Programmen und manchmal vielleicht auch falschen Versprechungen an die Jungen, Unbedarften.

Mit der teuren Zahncreme wende ich mich endlich zur Kasse; das Damentrio verstummt. Die meisten Ménerber betreten nur selten die Apotheke, sie fahren für alles Notwendige hinab in die Ebene; nach Apt oder nach Coustellet. Im letztgenannten Ort, so hatte man mir versichert, gebe es guten frischen Fisch im Supermarkt – eine Aussage, der der rauchende junge Mann am Tresen des „Le Progrès" heftig widerspricht (er hält die Zigarette von seinem Türplatz aus stets gekonnt nach draußen). Um dann aber mit seinem älteren Kollegen – die Farb- und Baustaubreste auf ihren Hosen und Schuhen weisen das ungleiche Duo als Handwerker aus – zum Thema Äpfel zu wechseln; ein Dialog, der von der Gesundheit der Früchte rasch abschweift zu ihren kulinarischen Verarbeitungsweisen: *„Au four, avec un peu de beurre",* schwärmt der ältere *ouvrier* und klopft sich genüsslich auf den ansehnlichen Bauch, als habe er die gebutterten Bratäpfel schon verspeist.

Mit meiner Apotheker-Zahncreme und neuen Erkenntnissen über aussterbende Dörfer und köstliche Ofengerichte schlendere ich nach Hause zurück. Zum ersten Mal schlagen heute die beiden Hunde nicht an, die seit meinem allerersten Tag in Ménerbes meine letzten zweihundert Meter bis zu den Loirets stets lautstark kommentieren. An der Zahnpasta kann es nicht liegen. Vielleicht aber am leisen Klirren meiner beiden Weinflaschen in der Plastiktüte – *un rouge, un rosé* –, die ich noch rasch (also ohne zu kosten!) bei dem netten gedrungenen Verkäufer in den Caves des Maisons de la Truffe et du Vin erstanden hatte. Denn mein Besuch kommt schon heute zum Abendessen …

Am nächsten Morgen hängen zwar dunkle Wolken über den Dächern, trotzdem, so der einstimmige Beschluss, werden wir, meine urlaubenden Freunde und ich, die Freiberuflerin, die heute auch keine Verpflichtungen in Lauris hat, zwei kleine Ausflüge mit dem Auto machen. Ziele und Routen soll ich bestimmen. Doch als ich gerade meine Vorschläge unterbreiten will, fallen die ersten Tropfen. Und dann prasselt es immer heftiger auf die Terrassenplatten und auf das Dach von Monsieur Loirets Auto, das quer an der Stirnseite des Hofgartens parkt. Windböen beginnen, an „meinem" Feigenbaum zu zerren und an den Zypressen; sogar die große Schirmpinie wiegt bald bedenklich ihr Haupt.

Es dauert eine ganze Zeit, bis die Natur sich wieder beruhigt, und ich überlege inzwischen, ob ich meine beiden Landsleute wirklich nach Robion locken soll, wo mir Monsieur Louis, unser Metzger im Ruhestand, einen Kollegen empfohlen hatte. Allerdings brauche ich eigentlich weder Fleisch noch Wurst, da ich auf dem Markt von Coustellet, der zwischen Frühling und Herbst auch mittwochs stattfindet, bereits Merguez und Lammkoteletts eingekauft habe. „Trotzdem Robion?" – „Na klar!"

Ein heller Streifen schimmert bereits hinter dem Kamm des Petit Luberon, als wir losfahren in Ménerbes. Und als kaum ein Viertelstündchen später die Ampel auf Rot springt mitten in Robion, ergießt sich hellstes Licht in unseren fahrbaren Untersatz. Halb zwölf zeigt die Uhr allerdings auch schon, wir hatten lange auf des Ende des Unwetters gewartet, das nicht nur in unserem Dorf die Landschaft kräftig durchschüttelte, auf den Nebensträßchen für Geröllawinen sorgte und vielerorts ein Gemisch aus Erde, Ästen Piniennadeln auf den Asphalt spülte. Nun aber ist alles Schwarz und Grau, alles dunkle Dräuen am Himmel verschwunden, makelloses Azur wölbt sich über dem gesamten Tal, und die Temperatur steigt schlagartig, sodass ich den leichten Wollpullover ausziehen kann; das langärmelige T-Shirt reicht; die nackten Beine glätten sich – *la chair de poule*, die Hühnerhaut, wie die Gänsehaut auf Französisch heißt, hat keine Chance gegen den Willen der Sonne.

Wir verlassen die Durchgangsstraße mit ihren diversen Geschäften – „Spa des Cheveaux. Haute Coiffure Française" wirbt mit schrägem Wortbildmix ein Friseursalon – und biegen ab in Richtung des noch schattenflankigen Petit Luberon. Niemand kommt uns entgegen. Wenig später sitzen wir auf den soeben erst trocken gewischten Stühlen des „Café de La Poste" im alten Ortskern von Robion, vor uns das Rondell mit den dickstämmigen, hohen Platanen, dahinter die alte Kirche, deren Portal wir leider verschlossen vorfanden. Wir genießen noch ein wenig unseren zweiten Morgenkaffee, überlegen, wo wir zu einem späten Mittagessen einkehren könnten, und beschließen dann das Nachmittagsprogramm: die Abtei von Saint-Hilaire.

Über Maubec, das restaurierte historische Wehrdörfchen mit so schmalen Gassen, dass keine zwei Autos aneinander vorbeifahren können – selbst mit dem Duo aus Ross und Reiter, das plötzlich in unserem Rückspiegel erscheint, als wir am *beffroi*, dem Glockenturm, nach rechts abbiegen, wäre ein Überholmanöver sicher schwierig geworden –, zockeln wir zurück in die Ebene mit ihren Rebfeldern und vereinzelten Gehöften. „Oppède-le-Vieux" liest in diesem Moment meine Freundin laut ein kleines Hinweisschild vor. „Sollen wir nicht kurz hinauffahren? Das Örtchen steht doch in jedem Reiseführer, und wenn wir schon mal sozusagen vor der Tür stehen ..."

Unser Mann am Steuer nickt und nimmt nach kurzem Abbremsen mit elegantem Schwung Kurs auf den Felssporn mit seiner pittoresken Häuserzier. Als uns ein zweites Schild jedoch lange vor den Mauern des Ortes auf einen gebührenpflichtigen Parkplatz locken will, ist – mit Blick auf die Uhr – schnell geklärt, dass wir weiterfahren. So wird es nur eine kurze Drive-in-Besichtigung (keine Chance, das Fahrzeug im Dorf selbst abzustellen; überall schützen Poller freie Flächen vor der Verschandelung durch Blechkarossen) und wir finden uns rasch talwärts wieder. Unser Sträßchen mündet an einem *rond-point*, einem Verkehrskreisel, direkt an der Route de Maubec. Mitten in dem Rasenkern des großzügig in die Felderlandschaft platzierten Rondells türmen sich helle Steinquader, wie zufällig dort abgelegt. Und ganz oben auf einem wuchtigen Doppelblock kniet eine dunkle Gestalt – in den Händen eine Säge mit meterlangem, zur Spitze immer breiter werdendem Blatt. „Halt mal an", bitte ich den Freund, um mir das Denkmal genauer anzuschauen. Ein gewisser Peter Ball hat es geschaffen, so lese ich, 2007. (Am Abend finden wir heraus, dass es sich bei dem Bildhauer um einen in der Provence lebenden Australier handelt, ehemals Architekt, inzwischen aber hauptsächlich als plastischer Künstler tätig.)

Beim Anblick der Hommage an die Arbeiter im Steinbruch von Oppède erinnere ich mich, dass mir Monsieur Loiret mehrfach von seinen Besuchen in einer der *carrières* der Region erzählte, als er Um- und Einbauten vornahm im Haus. Und ich erinnere mich an die Worte von Monsieur Sabatier, einem *ancien carrier*, mit dem ich auf dem Markt von Coustellet ins Gespräch gekommen war: *„À Oppède tu n'avais pas le choix. Ou tu devenais paysan, ou tu allais travailler dans les carrières."* Als er jung war, so erzählte der nun gebeugte und zerfurchte alte Mann, während wir nebeneinander am Käsestand warteten, bis wir mit unseren Bestellwünschen an die Reihe kamen, da habe es keine Wahl gegeben in seinem Dorf: „Entweder du wurdest Bauer oder du gingst in die Steinbrüche."

Die Steinarbeit hat eine lange Tradition im Luberon, wahrscheinlich reicht sie zurück bis in die Römerzeit. „In Oppède baut man seit dem 18. Jahrhundert Kalkstein ab", wusste Monsieur Sabatier. „Über wie unter der Erde." Fast über fünfzehn Hektar zog sich ursprünglich das Steinbruchgelände. „Noch heute können Sie über eine klaffende Spalte ins Berginnere gelangen. Einen riesigen ‚Saal' gibt es dort, mehr als zwanzig Meter hoch. An den Wänden können Sie noch überall die Riffelungen sehen von den Krokodil-Sägen, wie wir unser langes Schneidewerkzeug nannten." Erst in den Fünfzigerjahren habe allmählich der Fortschritt Einzug gehalten in den *carrières*. Heute schneide man dort den Stein mit Laserstrahlen, und statt der Pferdegespanne tänzelten nun Bulldozer und Lastwagen herum, mokiert sich Monsieur Sabatier. Aber schwingt nicht auch ein wenig Trauer mit in seiner Stimme? Oder bilde ich mir das nur ein?

Ob aus Oppède, Ménerbes oder anderen Brüchen der Region – man sieht ihn bis heute fast überall, den weißen, grauen, hellbeigen Bodenschatz des Luberon. Steinmetze nutzten und nutzen ihn ebenso wie Terrassenbauer, Bildhauer und Maurer. Kamine, Treppen, Türschwellen, Fußbodenplatten, Swimming-pool-Einfassungen, Fensterumrahmungen, Gartenbänke, Brunnen, Säulen, Skulpturen – für alles lässt sich der leicht zu bearbeitende *pierre de Luberon* verwenden. Und grob zerkleinert natürlich schlicht auch als Baumaterial für Mauern aller Art.

Auch jene der Abbaye de Saint-Hilaire sind aus dem lokalen Kalkstein gefügt. Von Ménerbes aus ist das einstige Karmeliterkloster über die Route de Lacoste in weniger als zehn Minuten direkt mit dem Auto zu erreichen. Wir aber folgen dem schwärmerischen Rat meiner Vermieter und nähern uns dem (inzwischen in private Hände übergegangen, aber in weiten Teilen öffentlichen) Anwesen von Süden – und zu Fuß. Allerdings fehlen aus dieser Richtung jegliche Wegweiser oder Hinweisschilder. Zum Glück treffen wir unterwegs auf Jérôme.

Der junge Ménerber besitzt sechs Hektar Reb- und Ackerland in der Nähe der Abtei – und ist eine kleine Berühmtheit im Ort wegen seiner ungewöhnlichen beruflichen Biografie. Denn nach dem Fachabitur mit Schwerpunkt Pflanzenzucht (*„Bac Pro Productions Horticoles"*, hatte er im Gemeindebulletin präzisiert) auf dem Landwirtschaftlichen Gymnasium in Carpentras geht er nach Antibes, um sich zum *technicien supérieur d'aménagement paysager* ausbilden zu lassen. Aber auch mit dem Diplom des Landschaftsplaners gibt er sich noch nicht zufrieden, sondern schreibt sich an der Universität von Avignon ein für die Fächer Geschichte und Geografie. Nach den obligaten sechs Semestern hat er den angestrebten Abschluss *licence d'histoire-géographie* in der Tasche. Noch immer aber scheint Jérômes Wissensdurst nicht gestillt. Nun zieht es den Ménerber zur weiteren Bildung nicht mehr nur hinaus aus seinem Dorf, aus seinem Departement, sondern sogar aus seinem Land. Hinaus in die Welt reist er, bis nach Argentinien. Über eine Stiftung für biodynamische Landwirtschaft absolviert Jérôme dort ein längeres Praktikum. Danach endlich geht es zurück in den heimatlichen Lubéron. Und dort nun greifen all die erworbenen Kenntnisse des ebenso enthusiastischen wie resoluten Multitalents. Für die Produktion auf seiner „Ferme de Roucas" setzt Jérôme ausschließlich auf natürlichen Dünger; bei Aussaat, Pflege und

Ernte richtet er sich nach dem Mondkalender. Die Tafeltrauben seiner Reben gehen an die Bio-Kooperative von Isle-sur-la-Sorgue; das Freilandgemüse – darunter Spargel, grüne Bohnen, Ochsenherztomaten – verkauft er ausschließlich über Abonnement. Und nur unmittelbar nach der Ernte, von Mai bis Ende Januar. Mehr als dreißig Haushalte, erzählt Jérôme mit bescheidenem Stolz, würden schon regelmäßig mit Produkten der „Ferme de Roucas" beliefert. Nicht von ihm selbst, das würde der junge Landwirt auch mithilfe seines Saisonarbeiters und trotz der Unterstützung durch Eltern und Lebensgefährtin zeitlich kaum schaffen.

L'A.M.A.P. kümmert sich um die Verteilung der Bioprodukte, der Verein zur Erhaltung der bäuerlichen Landwirtschaft. Jérôme ist der einzige Gemüsegärtner unter den Vereinskollegen der Region Apt. „Die anderen sind bislang ein Geflügelzüchter aus Oppède, ein Lammzüchter aus Viens, ein Rinderzüchter aus der Albion-Hochebene und eine Imker aus Bonnieux." Sorgsam prüft der studierte Jungbauer seine jungen Lauchpflanzen. Dann zeigt er mit ausladender Geste nach Westen. Dort experimentiere er gerade mit Obstsorten, erfahren wir: „Spätäpfel, Aprikosen und Pfirsiche." Ach ja – und zur Abtei müssten wir in die entgegengesetzte Richtung. *Merci*, Jérôme!

Als sich nach etwa zwanzigminütigem Marsch das landwirtschaftliche Sträßchen vor einem stattlichen Privathaus am Saum der Rebfelder teilt, rätseln wir indes erneut, wo wir weitergehen sollen: recht oder links? Ich wende mich nach Osten, dem filigran umzäunten Brunnen zu, auf dessen Rand, in einem Sonnenfleck, völlig reglos eine grünbraune Kreatur mit Glotzaugen hockt. Als meine Freunde sich nähern, verschwindet sie sekundenschnell ins Wasserbecken. Platsch!

Der asphaltierte Pfad, den wir eingeschlagen haben, verläuft exakt auf der Grenze zwischen grünen Höhen und der Weinstock-Ebene. Wir folgen ihm lange Zeit, da wir das blecherne Verbotsschild am Saum des Abtei-Hangs wörtlich nehmen: Kein Zutritt, Privatbesitz. Erst als unsere gewählte Route sich dreiteilt, der eine Abzweig abrupt inmitten der Natur vor einer Eisenkette endet, der zweite zwar nicht versperrt ist von einer *chaine* (sie liegt geöffnet an der Seite), aber sichtlich in die Einfahrt zu einem Privatgelände mündet, und die dritte Möglichkeit sich als Waldweg entpuppt, nach wenigen Metern wiederum verschlossen von einer Kette, an der diesmal zusätzlich ein Exemplar des uns schon bekannten „*Privé*"-Schilds baumelt, müssen wir uns eingestehen, dass wir irgendwie wohl doch an unserem Ziel „vorbeigeschossen" sind.

Also Kehrtwende, zurück in die entgegengesetzte Richtung, bis die Klostergebäude erneut in unser Blickfeld geraten, diesmal zu unserer Rechten. Den Holzpflock mit dem Verbotsschild nun mutig ignorierend, stapfen wir bergan, dorthin, wo wir ein farbenfroh gekleidetes Wandergrüppchen bereits am Fuß der wuchtigen Umfriedung des von Olivenbäumen und Gärten umgebenen Abtei-Ensembles erspähen. Ein trockener Wiesenweg im Zickzack, dann eine ausgetretene Steintreppe hinauf, und wir stehen vor dem trutzigen Kirchlein mit dem unprätentiösen Glöckchen auf dem Dach. Kein mahnender Zeigefinger-Turm, nur grobe Blöcke und hellsteinige Schlichtheit. Zwei Durchlässe im dicken Mauerwerk führen in den kleinen Kreuzgang; das Refektorium mit dem langen Holztisch liegt hier an einer Seite und nebenan ein kleiner Raum mit Fotos, die die bisherigen Restaurierungsetappen der gotisch-romanischen Klosterarchitekturen illustrieren. Auch eine Schwarz-Weiß-

Aufnahme von 1928 ist unter den Dokumenten, mit dem ersten Besitzer der ehemaligen Abtei – in der es offenbar noch oder wieder eine intakte Küche gibt, denn es riecht nach angebratenen Zwiebeln, als wir den Kreuzgang verlassen.

In der kleinen Ausstellung hatten wir erfahren, dass Réne und Anne-Marie Bride aus Reims Anfang der Sechzigerjahre Saint-Hilaire erworben hatten; als Ort der Begegnung für ihre große Familie, die immerhin acht Kinder umfasste und eine entsprechende Nachwuchsschar. Welche Arbeit es sich mit der Restaurierung des Gebäudes aufgehalst hatte, war dem Paar wohl nicht ganz bewusst, obgleich Monsieur Réne in dieser Hinsicht einige Erfahrung gemacht haben dürfte: Mehr als zwanzig Jahre lang setzte sich der gelernte Apotheker als Rathauspolitker, Bürgermeister und Departements-Abgeordneter in Reims für den Wiederaufbau der Champagne(r)-Metropole ein. Als er 1998 starb, führte seine Witwe nicht nur die Tradition des öffentlichen Sommerpicknicks, sondern auch die denkmalschutzgerechte Instandsetzung von Saint-Hilaire fort; ließ unter anderem noch alle Dächer nach historischem Vorbild neu decken. An einem Januartag des Jahres 2012 indes legte Anne-Marie Bride dann endgültig alle Aufgaben nieder – im Alter von fast hundert Jahren.

„Quelle histoire!", entfährt es einem der Wanderer, der offenbar unbemerkt neben mich getreten ist, als ich die Geschichte des Klosters und seiner Wiedererweckung als Kulturdenkmal lese. Tatsächlich erscheint sie auch mir so erstaunlich wie der Anblick des Motorrads, das vor der Klosterkirche in einer Felshöhle parkt. Und wie die Wiederbegegnung mit dem Glubschaugentier am Brunnen. Inzwischen sitzt es dort allerdings nicht mehr allein, sondern

in offenbar weiblicher Gesellschaft. Erleichtert stelle ich fest, dass es sich um zwei Kröten handelt und nicht um Frösche. So habe ich doch keinen provenzalischen Prinzen verpasst ...

Juni

Ein Holzelefant am Kanal

„Erinnerst du dich an die Schals in der Boutique von Saint-Hilaire?", fragt mich meine deutsche Urlauber-Freundin bei unserem nächsten Telefonat. Natürlich erinnere ich mich an den Werbekarton am Ausgang der Abtei, mit dem Foto der flauschigen *écharpes* aus Kamelhaar und Kaschmir, in wunderbaren Farben wie Karamell, Lavendel, Pistazie. Leider war die Klosterboutique schon oder noch geschlossen an diesem Tag. Aber ich hatte mir den Link gemerkt, der auf dem Aufsteller stand. „Die Schals kommen aus Isle-sur-Sorgue; der Produzent unterstützt mit einem Teil des Verkaufserlöses die Restaurierung historischer Denkmäler wie Saint-Hilaire ...", kann ich meiner Freundin nach einem kurzen Ausflug ins Internet berichten. „Dann lass uns doch mal hinfahren zu diesem ..." – „... Brun de Vian-Tiran, Wollweber in achter Generation. Das Familienunternehmen wurde 1808 gegründet." „O.k., ich hole dich in einer Stunde mit dem Auto ab; wir machen uns einen schönen Tag. Mein Mann ist sowieso schon unterwegs mit dem Rad."

Als ich das Haus verlasse, um im „Le Progrès" die Wartezeit bis zur Ankunft der Freundin mit meinem üblichen Morgenritual zu überbrücken – *noisette* plus Lektüre von „La Provence" und ein kleiner Schwatz mit Monsieur Patrick oder seiner Gattin sowie eventuell mir bekannten Gästen –, sehe ich, dass auf der Straße, auf der Höhe der Ausbuchtung für die großen Mülltonnen unseres Viertels, eine kleine Baustelle eingerichtet ist. Mit kinderhohen Wanderampeln, deren digitale Sekundenanzeige selbst dem ungeduldigsten Autofahrer signalisiert: In weniger als einer Minute kannst du weiterfahren. Bei null wechselt das Rot dann auf – nein; nicht auf Grün, sondern: zu einem goldenen Lichterpunktekreis. *Allons-y!*

„So etwas gibt es wohl nicht in Deutschland", ertönt die Stimme von Monsieur Loiret in meinem Rücken. „Habe ich jedenfalls noch nie gesehen", gebe ich zu. Weiter plaudernd schlendern wir gemeinsam ins Dorf; mein Vermieter zum Bäcker, um das allmorgendliche Frühstücksbaguette zu holen; ich in Richtung Bar-Presse-Tabac.

Der Tag ist drückend, bewölkt, gewittrig, nur manchmal weht ein kleiner Wind. Viele Radfahrer sind unterwegs auf der *Route Touristique de Gordes*, die wir gewählt haben für unseren Ausflug nach Nordwesten; schmal und kurvig zieht sie sich durch eine Landschaft aus Hainen und mächtigen Felsen. Drei vielköpfige Wandergruppen kommen uns entgegen am Rand des Sträßchens; unter den Bäumen sehen wir immer wieder Autos stehen mit geöffnetem Kofferraum und Menschen, die davor sitzen mit ihrem Picknick.

Es ist schon weit nach Mittag; wir haben uns verbummelt am Vormittag in Ménerbes; haben noch kurz angehalten in Cabrières, um uns das von den Loirets empfohlene Restaurant anzuschauen, in dem wir eventuell am Abend essen wollen, und sind dann auch noch dem Hinweis zur *mur de la peste* gefolgt. Natürlich mussten wir ein Stück laufen zu dieser Mauer, mit dem Auto kamen wir irgendwann nicht weiter. Am Gedenkstein – unter dem Schriftzug *mur de la peste* blickte uns eine stilisierte Männerfigur mit einer langnasigen Geschichtsmaske entgegen – rastete ein einsamer Wanderer und las uns beflissen aus seinem *guide*

Details über den Schutzwall vor: „Fünfundzwanzig Kilometer lange Trockensteinmauer, 1720 in den Monts de Vaucluse errichtet, um die Grafschaft Venaissin vor der Pestepidemie zu schützen, die Marseille und einen Teil der Provence zu diesem Zeitpunkt heimsuchte. Der Plan für den Verlauf des Walls stammt von Antoine d'Allemand, einem Architekten, Ingenieur und Kartografen aus Carpentras. Er hat ihn in seinem ‚Verzeichnis der von mir ab 1700 erbauten und befehligten Bauten‘, das in der Bibliothek von Inguimbert aufbewahrt wird, genau beschrieben: ‚von Saint-Hubert bis Saint-Ferreol, von dort weiter entlang der Durance bis zu ihrer Einmündung in die Rhône und die Rhône flussaufwärts bis Avignon‘.“ „Und konnten die Menschen nicht einfach über die Mauer drübersteigen?“, will meine Freundin wissen? „Entlang der ganzen Strecke standen kleine Wachhäuschen aus den gleichen Steinen wie die Mauer, darin führten Wärter Aufsicht“, zitiert der Herr Wanderer aus seinem schlauen Buch.

Obwohl es ziemlich warm ist, beginne ich zu frösteln. Meiner Freundin scheint das Sujet Pestmauer ebenfalls wenig zu behagen. „Lass uns zurückgehen zum Auto und weiterfahren“, sagt sie abrupt.

Die D 100 führt uns allerdings nicht direkt nach Isle-sur-Sorgue, sondern zunächst nach Fontaine Vaucluse, wo gerade Markttag ist – und die Ortszufahrt gesperrt. Zumindest aus unserer Richtung. Weit zieht sich schon die Reihe der an beiden Straßenrändern abgestellten Autos, und auf allen offiziellen Parkplätzen herrscht großer Andrang. „Mich da in die Warteschlange einzureihen, dazu habe ich keine Lust“, verkündet die Freundin, und so verzichten wir an diesem Nachmittag auf den Stopp im einstigem Wohnsitz des Dichters Petrarca und auf den Aufstieg zur eindrucksvollen Quellgrotte der Sorgue. Wir umkurven den Ort mit dem hohen Brücken-Aquädukt, unter dessen Uferbögen Leih-Kajaks in allen Farben auf muntere Paddler warten, und erreichen Isle-sur-Sorgue just zu jenem Zeitpunkt, da die Markthändler dort ihre Stände abschlagen. Parkplätze gibt es somit schon wieder reichlich.

Als wir in Richtung des Ringkanals gehen, entdecken wir sogar noch ein paar Trödler am Quai – oder besser gesagt Antiquitätenhändler, die offenbar die Hoffnung noch nicht aufgegeben haben, dass der Himmel ihnen zum Geschäftsschluss doch noch *den* Kunden beschert, der für einen einzelnen lindgrünen Bistroklappstuhl bereit ist, sechzig Euro zu zahlen. (In Coustellet hatte ich dasselbe Modell für zehn Euro gesehen!)

Verglichen mit der Kalkulation für das alte hölzerne Sitzmöbel sind die Preise im historischen „Café de France" durchaus akzeptabel, ja eigentlich fast schon günstig. Vielleicht sitzen deshalb in diesen ersten Momenten des Nachmittags mehr Einheimische als Touristen an den Tischen; den Blick konzentriert auf ihren Teller mit dem späten Salat gerichtet. Oder in die Kaffeetasse, so wie wir und die deutsche Dame mit großem Hut und auffälligem Halsschmuck am Nachbartisch, die Sohn, Schwiegertochter und Enkelkindchen gerade einen Vortrag hält über ihren neuen Pellet-Ofen und wie sehr sie auch den Winter liebt in der Provence. *Honni soit qui mal y pense!* – Ein Schelm, der Böses denkt bei solchen Worten. Oder sich über jene Fremden ärgert, die, die Seitenwand der Kirche Notre Dame des Anges im Rücken, ungeniert ihre Fotoapparate und Handykameras auf die – zugegeben hübsch restaurierte – Fassade des „Café de France" richten; und auf die Gäste des Bistros natürlich auch.

La Collégiale Notre Dame des Anges, ursprünglich ein romanischer Bau, lockt uns wegen der barocken Innenausstattung für ein paar Minuten aus der Sonne ins kirchliche Dämmerlicht. Aber bald stehen wir wieder auf der Rue de la République; in sanftem Bogen und gebührendem Abstand zieht das nun schmaler werdende Sträßchen die Neigung des Ringkanals nach, auf der linken Seite lockt eine Patisserie, am Eck zur Place Buisson mit ihren schmalen zweigeschossigen Häusern in Ocker, Puder und hellem Gelb entdecken wir einen *bouquiniste* und die altmodische *mercerie*, ein Kurzwarenladen mit Damenunterwäsche schätzungsweise ab Größe fünfzig. Und dann, welch ein Kontrast, an der Stirnfassade des kleinen Platzes drei elegante, hellgraue Markisen.

„*un jour*…" entziffere ich gerade die Kleinbuchstaben über den beiden äußeren Sonnenschutzdächern, als meine Freundin fröhlich ausruft: „Guck mal, Brun de Van-Tiran, ist das nicht der mit unseren Schals?", und auf ein transparentes Schild mit exakt diesem Firmennamen im mittleren Schaufenster zeigt. Volltreffer! Zumindest fast, die Produktionsstätte des Unternehmens ist das hier schließlich nicht, die steht nach meinen Internetinformationen am Cour Victor Hugo. „Wer weiß, ob die in der Fabrik überhaupt an Privatkunden verkaufen; vielleicht gibt's da gar keinen Shop! Lass uns lieber gleich hier reingehen", verkündet meine Begleiterin kurz entschlossen – und entschwindet bei den letzten Worten schon durch die Ladentür.

Nachdem dank „*un jour*…" zumindest eine von uns ihren Beitrag zum Wiederaufbau von Saint-Hilaire geleistet hat und die andere an diesem Nachmittag den Wirtschaftskreislauf von Isle-sur-Sorgue immerhin noch ankurbelte mit einem Schal aus Sari-Seide sowie zwei leinernen Küchenhandtüchern, können wir uns nun ungestört weiter dem „Venedig des Comtat" widmen; seinen verbliebenen Wasserrädern (von einst mehr als sechzig) und seiner ebenfalls beachtlichen Zahl an Eiscafés. „Isabella" scheint derzeit diesbezüglich die angesagteste Adresse; eine lange Warteschlange zieht sich zwischen den orangefarbenen Plastikstühlen und -tischen dieses *glacier fabriquant*. Kein Wunder bei der Größe der *coupes*, die er seinen Kunden offeriert: Fast bis zur Nasenspitze reichen die gläsernen Stielbecher selbst einem erwachsenen Menschen.

Mit dem Gigantismus haben sie es hier wohl, denke ich unwillkürlich, als wir am Quai des Antiquaires einem fast lebensgroßen Elefanten im Holzkäfig begegnen; stolz ragt er trotz seines engen Lattenverschlags auf zwischen all den Vogelkäfigen und Volièren, den kunterbunten Retrostühlen und weiß lasierten Holzbänkchen, alles arrangiert vor einem Sammelsurium von nostalgischen Reklameschildern und allerlei anderen erdenklichen „antiken" oder vielleicht in China nachgemachten Wohn- und Deko-Artikeln – bis hin zum Kronkorken-Türvorhang.

Eine „echte Antiquität" ist indes die *Parti Républicain Radical et Radical-Socialiste*, die unter dem Kurznamen *Parti Radical* noch immer mit dem kämpferischen Konterfei der Marianne für *liberté, égalité* und *fraternité* wirbt und an diesem Nachmittag im Parc Gauthier offenbar unter Beweis stellen will, dass Frankreichs älteste Partei (sie wurde im Juni 1901 gegründet) sich auch im 21. Jahrhundert noch mit sozialistischer, republikanischer Power für die Belange ihrer Wähler einzusetzen in der Lage ist. Deswegen, so verrät das Plakat am Parkportal, lud man zu den *Ateliers Régionaux*, einem gemeinsamen Gedankenaustausch über die Belange der Region.

Als wir uns den Diskutanten neugierig nähern, bannt das Konterfei eines Mannes für einen Moment meine Aufmerksamkeit. Es ist allerdings nicht aus Fleisch und Blut, sondern aus Gips geformt, hängt goldumrandet über dem Portal der Villa Gauthier und wie ein halber Heiligenschein liegt eine Reihe von Buchstaben um den wilden Lockenschopf: N. Paganini. Der Teufelsgeiger! Was um Himmels willen verband dieses exzentrische Genie mit Isle-sur-Sorgue? Zugegeben, Nizza, wo der Genueser die letzten Monate vor seinem Tod verbrachte, ist nicht weit. Und in den drei Jahren zuvor hatte er tatsächlich wieder eine ganze Reihe von Konzertreisen unternommen ...

„Frag doch mal auf dem Fremdenverkehrsamt", rät meine Freundin; „ich wollte sowie dorthin, um mir noch ein bisschen Material über René Char zu besorgen." Ach ja, der Surrealist, Résistance-Kämpfer, Heidegger-Freund und Dichter, der so schwärmte vom *l'or du ciel* der Provence, dem Himmelsgold der Region, ist ja hier geboren in Isle-sur-Sorgue und verbrachte hier seine gesamte Jugend. „Die können uns auf dem Tourisme vielleicht auch sagen, was es mit dem zierlichen alten Eisenbaldachin auf sich hat, unter dem das Liebespärchen auf den Stufen am Kanalufer saß", murmele ich. Zwar habe ich schon eine Vermutung, nämlich dass es sich bei der Konstruktion um die *Embarcadère de la Cigalette* handelt, einen kleinen, überdachten Anlegehafen, der einst den Fischern diente, die mit ihren flachbäuchigen Kähnen, den Nego Chin, über die Kanäle und auf die Sorgue ruderten, um Krebse, Forellen, Äschen oder Aale zu fangen, schon lange bevor Isle dank (Seiden-)Webereien und Spinnereien zu einem Zentrum für Stoffverarbeitung erblühte. Denn in der Zeitung wurde vor einigen Tagen von der noch immer existierenden *Confrérie des Pes-*

caïre von Isle-de-la-Sorgue berichtet, der Fischerzunft, die in einer zwar kleinen, aber durchaus berührenden Zeremonie an der *Cigalette* einem gewissen Antoine Nicolas den Kapitänsgrad verlieh, *Capitaine de la Sorgue, du grand port de nego chin la Cigalette,* wie es wörtlich hieß, Kapitän des großen Barkassenhafens La Cigalette.

Meine Vermutung in Sachen Ufer-Baldachin wird im Office de Tourisme bestätigt, bei Paganini indes müssen die drei vom Info-Team passen. Zumindest erfahre ich jedoch, dass das Musikerbildnis mit den falschen Lebensdaten den Eingang einer Musikschule ziert, die seit Langem in der Villa Gauthier untergebracht ist. Und in Sachen René Char sollten wir uns doch bitte unbedingt noch das ihm gewidmete Museum anschauen: „im Hôtel Donadei de Campredon, 1746 erbaut für einen reichen Händler nach den Plänen von Joseph Brun, dem Architekten, der auch den Entwurf des Château Borély in Marseille verantwortlich zeichnet". Merci, aber das schaffen wir wohl nicht mehr. – „Für wie viel Uhr haben wir eigentlich unseren Tisch heute Abend reserviert?", fragt in dieser Sekunde auch prompt meine Freundin. „Wir müssen ja erst noch mal zurück nach Gordes in unser Haus und ‚unseren' Mann abholen ..."

Die Tische im Hofgärtchen des „Vieux Bistro" von Cabrières sind schon fast alle besetzt, als wir uns an unserem niederlassen; mit dem Rücken zur Mauer, das Geschehen bestens im Blick. Zwei Menüs stehen zur Wahl, bei beiden dürfen wir zur Hauptspeise wählen aus den jeweils drei À-la-Carte-Gerichten des *Appel du Grand Large,* also dem, was das Meer hergegeben hat, und der *Planche du Boucher,* dem Angebot vom „Metzgerbrett". „Für mich zur Vorspeise auf jeden Fall Rotbarbe mit Tomatencoulis und Oliven", verkündet die Freundin; ich entscheide mich mutig für *le papeton foie de volaille*, was sich als Kreation aus karamellisierter Hühnerleber mit Gewürzen und Artischocken entpuppt. Beim Dessert – „Das bestellen Sie am besten auch gleich mit in ihrer Menüfolge", bittet die Bedienung – kann unser männlicher Begleiter dem flüssigen Schokoladenküchlein nicht widerstehen; ich ordere die knusprigen Madeleines mit Lavendelhonig und einer „Suppe" aus roten Früchten, während die Freundin mit Blick auf die Größe der Hauptspeisenportionen am Nachbartisch stöhnt: „Ich schaffe allenfalls noch eine Kugel Sorbet."

Es herrscht eine lebhafte, fast familiäre Stimmung im Lokal, der junge *patron* begrüßt viele Gäste mit Handschlag, vor einem kleinen Mädchen, das mit seinen Eltern und Hund am Nachbartisch sitzt, geht der hochgewachsene Wirt sportlich in die Knie, um dem Kind freundlich das Fleischstück auf dem Teller klein zu schneiden. Auch das Serviceperssonal ist freundlich und locker; unsere junge „Dame" bringt statt des bestellten Sprudelwassers zwar halbstilles und auch den falschen Wein zum Probieren – weiß statt rot – und sagt dann auch noch, dass es sich leider um einen anderen als den gewünschten *blanc* handle. Aber als wir ihr freundlich sagen, die Bestellung sei eigentlich *rouge et rosé* gewesen, antwortet sie lachend: „Ach, ich bin gerade verliebt – und offenbar ganz durcheinander." Wer würde bei so einer charmanten „Ausrede" nicht nachsichtig sein ... Außerdem schmeckte der „falsche Weiße" gar nicht schlecht – und passte noch besser zu den Jakobsmuscheln und zum Meeresfrüchte-Risotto als der Rosé, den wir später auch noch tranken. Ebenso wie einen kleinen Digestif. Den allerdings schon unter dem Mandelbäumchen auf der Kiesterrasse des Feriensiedlungshäuschens in Gordes, in dem meine Freunde logieren. Das zweite Schlafzimmer beziehe ich für die Nacht.

„Kommst du mit zum Bäcker?", fragt am anderen Morgen der Freund. Ich sage freudig Ja, kann ich doch so nach dem üppigen Dîner wenigsten noch ein paar Schritte gehen, bevor wir wieder ins Auto steigen. Außerdem bin ich neugierig auf das Haus der englischen Königin. „Ja, die Queen besitzt ein Anwesen in Gordes, du kannst es von der Ebene aus schon sehen", hatte mein Vermieter gesagt, „es ist das mit den langen Fenstern." „Jetzt schauen wir uns erst mal das ,Café du Cercle Republicain' an", verkündet allerdings der Freund, „vielleicht ist ja um diese Zeit noch Platz auf der kleinen Terrasse." Wir haben tatsächlich Glück, nur ein einzelner Herr (mit weißen Schuhen, zwei Zeitungen und einem Glas Tomatensaft!) sitzt auf dem halbrunden, nur mit einer Handvoll Tische möblierten Balkönchen, das wie ein Vogelnest an der Fassade klebt, hoch über dem schmalen Tal, von dessen gegenüberliegenden Seite wir gekommen sind. Wir zahlen zwar einen „Aussichtsaufschlag" von fünfzig Cent auf unseren *petit café*, aber das Panorama, das sich uns bietet, ist die Ausgabe wirklich wert.

Einheimische „verirren" sich wohl eher selten auf den Freisitz des „Republicain"; sie postieren sich vielmehr, wie wir an diesem Morgen sehen, am unendlich langen, weiß gestrichenen Tresen. Oder hocken, wie die beiden alten Männer, von deren Gespräch ich nur das Wort *longtang* aufschnappen kann, *longtemps,* lang ist's her, am Eingang des Cafés, mit Blick auf die wuchtigen Mauern des Schlosses. Wir sollten uns, so denke ich, nun endlich aufmachen zum Bäcker. „Ach, der ist hier gleich um die Ecke, bei der Kirche, das habe ich vorhin schon gesehen. Komm, lass uns doch noch ein bisschen umschauen im Ort", bittet der Freund; er weiß offenbar, dass wir nicht ganz so schnell wieder zurück sein müssen zum Frühstück. „Wir haben doch Urlaub und viel Zeit ..." Also streifen wir ohne Eile durch steile Treppengassen, über uraltes Hubbelpflaster, durch dunkle Bögen und ehemalige Stadttore, vorbei an vielen Galerien und kleinen Läden mit allerlei Schnickschnack, vorbei am Schaufenster des wohl letzten Ortsmetzgers, vorbei am Bureau-Tabac mit großer Postkarten- und internationalen Presseauswahl, vorbei an einem guten Dutzend Wein- und Tapasbars, an Kneipen und Restaurants.

„Guck mal – ‚Hôtel la République‘, das kommt mir irgendwie bekannt vor!", ruft plötzlich der Freund. „Na wahrscheinlich aus irgendeinem Film", flachse ich, „der halbe Luberon musste ja schon herhalten als Kinokulisse." „Genau, jetzt weiß ich's auch wieder: ‚Ein gutes Jahr‘, die Peter-Mayle-Verfilmung von Ridley Scott. Mit Russel Crowe und Marion Cotillard. ‚La République‘ war Fannys Café. Lass uns mal auf die Karte schauen." „Puh – ein Glas Wein acht Euro zwanzig, Fruchtsaft und Bier sechs – das ist nicht unser Kaliber. Denen ist wohl der Literatur- und Leinwandruhm zu Kopfe gestiegen."

Wir kehren dem teuren Filmcafé den Rücken, schlendern ein Sträßchen hinunter, biegen ab nach links in eine Gasse, noch mal links – und stehen mit einem Mal vor „Chez mamie", einer winzigen Boulangerie, in der eine stämmige Verkäuferin mit Silberblick über die nostalgische Kasse schaut. Mit Mandelcroissants und Schokoladenbrötchen in der Tüte setzen wir unseren Rundgang dann noch ein wenig fort, entdecken Altersheim und Rathaus an den Rändern der mittelalterlichen Kernstadt und folgen schließlich drei Kindern, die eine schmale Treppengasse hinabspringen zu einem baumbeschatteten, staubigen Plätzchen an der Südflanke des Sporns, auf dem das alte Gordes thront. Nun sind wir fast schon am Saum seiner Mauern, stehen auf einem steinernen Plateau, die Felswand im Rücken, wie auf einer Bühne.

„Das muss das Théâtre des Terrasses sein", mutmaße ich, „Madame Loiret hat mir davon erzählt; im August gibt es hier Konzerte und Tanz- und Theateraufführungen." „Und da oben, das könnte das Haus der Queen sein, mit den langen Fenstern", antwortet der Freund. Hohe Zedern recken ihre Spitzen über die Grundstücksmauer wie grünbemützte Gardesoldaten. Über eine halb überwucherte Steintreppe an der Talseite des Theaterplateaus steigen wir schließlich wieder steil bergan, stehen irgendwann vor der Südwand der Église Saint-Firmin, ein rostige Gerüst lehnt daran, eine halbe Stützmauer ist hochgezogen, Armierungen ragen heraus. Welch ein Kontrast zu den Maseratis, Jaguars und SUVs auf dem Parkplatz am Ortseingang.

Kurz bevor wir ihn erreichen, fällt uns noch ein, dass wir eigentlich Lust hätten auf ein Frühstücksei. Und dass die Milch wahrscheinlich nicht mehr reicht für uns alle. Also rasch noch einmal umgekehrt in Richtung Ortsmitte. „Irgendwo hatten wir doch vorhin so einen Laden gesehen mit Gemüsekisten vor der Tür", murmelt der Freund. Ja, ich erinnere mich. „Du meinst den kleinen ‚Utile'-Supermarkt in der Nähe von der Post?" – „Genau, als wir aus dem Rathauspark kamen, wo all die Leute auf den Stufen saßen und viele einen Stand umdrängten, wo es offenbar Infos zu Gordes gab, haben wir doch noch irgendwo schön weit in die Ebene geschaut von so einem baumbestandenen Platz mit vielen parkenden Autos ..."

Der „Utile"-Laden entpuppt sich als langer Schlund mit gut sortiertem Angebot. Und so tragen wir letztlich nicht nur Milch und Eier in unserem Einkaufskorb zur Kasse. Auch die vier Kunden vor uns legen jeweils reichlich Ware aus den Plastikkörbchen auf den Kassentresen. Eilig hat es offenbar keiner von ihnen. Als es für die Dame vor uns ans Bezahlen geht, zückt sie nicht ihr Portemonnaie, sondern kramt ein Scheckheft aus der Handtasche. Mit galanter Geste reicht ihr der Kassenmann einen Kugelschreiber. Nun fehlt nur noch die Lesebrille ... Wo ist die bloß wieder ... *Ah, la voilà* ... Sorgsam füllt Madame nun das oberste Blatt ihres *chèquier* aus, setzt schwungvoll Datum und Unterschrift unter den Betrag. Lächelnd nimmt ihr Gegenüber das bedruckte und beschriebene Papier-Rechteck entgegen; hilft freundlich noch, Salat, Gemüse, Obst und andere Lebensmittel in Plastiktüten zu packen. Man kennt sich offenbar gut; einen Ausweis muss die Scheckkundin jedenfalls nicht vorzeigen.

Mir fällt die Bemerkung eines in Cabrières urlaubenden deutschen Bekannten zum Thema Scheckzahlung ein. Ausführlich habe die Kassiererin, so erzählte er nach seinem Supermarktbesuch, sowohl den Scheck des Kunden geprüft als auch seine Ausweispapiere. Und das, obwohl eine schon eine ziemlich lange Schlange an der Kasse wartete.

Später hatte ich mit meinen Vermietern über die in ganz Frankreich offenbar noch immer sehr verbreitete Zahlweise per Scheck gesprochen. Aus meinem kurzen Intermezzo als Sommeraushilfe in einer Pariser Bank während der Uni-Ferien wusste ich noch, dass die Franzosen quasi „Scheckweltmeister" sind. Dass sie außer beim Bäcker oder im Zeitungs- und Tabakladen (für Lotto- und andere Lotterie- oder Wettkosten ist die Barzahlung sogar vom Gesetzgeber vorgeschrieben) fast überall ein Blatt aus ihrem Scheckblock reißen, anstatt mit Münzen, Scheinen, EC- oder Kreditkarte zu zahlen. Sechzig Schecks pro Jahr und Landesbewohner! Für uns Deutsche weist die Statistik dagegen gerade mal ein einziges solches Papier-Rechteck pro Kopf als Zahlungsmittel aus. Zwar sei auch in Frankreich die Tendenz leicht rückläufig, erzählten mir meine Vermieter. Aber immer noch schlägt die bargeld- und kartenlose Zahlweise unter anderem mit einem Papierverbrauch von viertausend Tonnen jährlich zu Buche. Inklusive der weiteren Kosten etwa für Zustellung, Druckfarbe und so weiter kostet die Scheckomanie der Franzosen den Staat jährlich fast zweieinhalb Milliarden Euro. Sagt das „Comité Consultative du Secteur Financier". Und prognostiziert in seiner jüngsten Untersuchung das Aus für das unterschriebene Papierstückchen als Zahlungsmittel noch für dieses Jahrzehnt. Wie dem auch sei: Sicher ziehen sich Frankreichs Finanzpolitiker den Unmut von mindestens elf Prozent ihrer Bürger zu – denn auch das hat das Beratungskomitee für den Finanzsektor bei seinen Untersuchungen in Sachen Scheck herausgefunden ...

„He, träumst du", frotzelt der Freund und schubst mich weiter in Richtung „Utile"-Kasse. Als unsere Endsumme auf dem Display erscheint, reicht er dem Kassierer einen Fünfzig-Euro-Schein. Rasch und kommentarlos kommt das Wechselgeld. Ich muss, warum auch immer, in diesem Moment an das nachmittägliche Thekengespräch mit den beiden Handwerkern im „Le Progrès" denken, als es um frische Äpfel und Fisch aus dem Supermarkt ging. Wie hatte der Jüngere von beiden, der seine Zigarette immer, wenn er nicht an ihr sog, geschickt mit halber Schulterdrehung aus der offenen Tür hielt, gesagt: *Moi, au supermarché et chez les commerçants, je paye toujours par chèque!"* – Bin sehr gespannt, wann Frankreichs Scheckophile tatsächlich nur noch die Wahl haben werden zwischen Carte Bleue oder *liquide ...*

Juli

Korkenzieher in Pink

Auf der Terrasse des „Le Progrès" herrscht Hochbetrieb: Fast alle Tische sind besetzt, und ein Stimmengewirr aus Flämisch, Dänisch, Englisch, Französisch erfüllt den Sommermorgen. Eine Malgruppe. Die Aquarellpapiere in Plastiktüten oder Umhängetaschen verstaut, stärkt sich das internationale Trüppchen zum Auftakt seines künstlerischen Tuns. „Wie die Bilder aussehen werden, weiß man schon von Anfang an", hatte eine böse Zunge im Café einmal gesagt angesichts jener immer wieder im Ort auftauchenden Hobbykünstler, die einander verzückt auf Pinien, Zypressen, altes Gemäuer und allerlei weitere Details in Sachen Natur oder Architektur hinweisen.

Apropos Natur: Ich muss an den Aushang denken, der seit ein paar Wochen schon an der gläsernen Rathaustür hängt: *Sécheresse* steht dort in dicken schwarzen Lettern, und nicht das Bürgermeistersiegel prangt darunter, sondern das eng bedruckte Papier trägt das blau-weiß-rote Emblem des Regionalpräfekten. Eindringlich thematisiert das Schreiben das Thema Trockenheit im gesamten Vaucluse und ruft allen Bewohnern der sechs Krisensektoren die von der Präfektur verabschiedeten Anordnungen zum Wassersparen ins Gedächtnis. *Le non-respect des mésures édictées expose le contrevenant à une amande de 5ième classe et à des pursuites pénales.* Wer die vereinbarten Maßnahmen nicht respektiert, muss sowohl mit saftigen Geldstrafen rechnen als auch mit juristischen Konsequenzen!

Seit März, so heißt es, mangelt es in den südlichen Departements an Regen; nur ein Viertel des üblichen Niederschlags sei bislang gefallen. Das Thema ist ganz offensichtlich von hoher Brisanz. Es trifft vor allem die Bauern, denen es laut des Präfekten-Edikts untersagt ist, zwischen acht Uhr morgens und acht Uhr abends großflächig zu bewässern. Eine Ausnahme-Erlaubnis gibt es nur für die Systeme der Tröpfchenbewässerung, der Feinstbesprengung, für die Befeuchtung von Topfkulturen, Ansaat und Jungpflanzen. Aber nicht nur für die Landwirtschaft gelten die Restriktionen. Industriebetriebe sind angehalten, ihren Wasserverbrauch um dreißig Prozent zu drosseln. Strikt verboten ist durch den Erlass der Präfektur das Wässern von Parks oder Wiesen, Golf- oder Fußballrasen. Auch Autos dürfen nicht gewaschen werden – außer in den *stations de lavage*, den kommerziellen Waschstraßen. Zudem ist es verboten, private Swimmingpools zu füllen. Und Brunnen werden abgeschaltet, so sie nicht über einen geschlossenen Wasserkreislauf verfügen.

Ménerbes, so zeigt der Rathaus-Aushang, gehört zum Sektor 8, Calavon (ein anderer Name für den Fluss Coulon, wie ich später herausfinde) und ist einer der feuerrot gekennzeichneten Abschnitte des Kartenausschnitts am linken unteren Rand des Wasserspar-Plakats. Höchst prekär also, die Situation. „Kennst du auch den Feuer-Erlass?", fragte mich Christophe, der Forstaufseher vom Office National de la Chasse et de la Faune Sauvage, als ich ihm von dem Wasser-Erlass berichtete. Nein, den habe ich noch nirgends aushängen sehen. „Normalerweise informiert die Präfektur bei diesem Thema auch schon im Frühjahr; im April oder Mai." Und was steht in diesem Papier? „Da geht es um die Zeiten, zu denen offenes Feuer überhaupt nur erlaubt ist bei uns in der Region: ab Mitte Oktober bis Ende Februar und ab Mitte April bis Ende Mai – und auch das nur, wenn die Windgeschwindigkeit unter vierzig Stundenkilometer bleibt. Willst du im März oder zwischen Juni und Oktober was verbrennen, musst du drei Wochen vorher einen Antrag stellen im Rathaus – das Windthema gilt aber natürlich auch hier." – „In der Zeitung habe ich gelesen, dass es kürzlich auf der Colline Saint-Jacques bei Cavaillon so heftig gebrannt hat, dass sogar schon einige Vorgärten in Mitleidenschaft gezogen waren und Fassaden schwarz vom Rauch. Und dass der Wassermangel auch den Schäfern sehr zu schaffen macht; ich erinnere mich, dass einer von ihnen sagte, er habe in diesem Jahr besonders viele Tiere verloren." – „Ja, das ist gut möglich. Aber es gibt auch noch das Problem der Wölfe." Wölfe?? „Ja, sie greifen immer wieder Herden an. Bislang zwar weniger häufig als im vorigen Jahr, aber im Departement Var zum Beispiel gab es seit dem ersten Januar schon sechsundsechzig Angriffe, denen hundertfünfundsechzig Tiere zum Opfer fielen. Und in den gesamten Alpes-Maritimes haben wir mehr als zweihundert Wolfsattacken registriert, bei denen fast siebenhundert Tiere gerissen wurden." Upps. Da lobe ich mir doch mein Kaffeehaus-Raubtier.

Es gab sich an diesem Morgen wohl schon die Ehre. Mein Tisch in der Ecke ist jedenfalls mal wieder übersät von hellen Katzenhaaren. Und wo steckt sie jetzt, *la persanne?* Als könne es Gedanken lesen, taucht das sandfarbene Wesen auf der Türschwelle auf, schnellt elegant hinauf auf den freien grünen Klappsitz mir gegenüber, hält einen Moment inne, um dann mit einem zweiten, geschmeidigen Sprung erneut einen Teil des grün gelackten Eisenmöbels, auf dem meine *noisette* steht, in Besitz zu nehmen. Die Phase unseres zaghaften Annäherns von Stuhl zu Stuhl ist lange vorüber. Auch bei dem kurzbeinigen schwarz-weißen Haushund wich die anfängliche Schüchternheit rasch, wie ein alter Freund legt er sich inzwischen regelmäßig zu meinen Füßen nieder.

Unten auf dem Parkplatz ist Markt, das sommerliche Großaufgebot der Stände. Der Fischhändler mit Angeboten von Thun bis Kabeljau und Shrimps, alles nicht mehr taufrisch, trägt ein hellblau-weißes Ringelshirt und sein gütiges Mondgesicht; bis halb eins bleibe er heute nur, lockt er die Kundin, die sich nicht entscheiden kann und später noch einmal vorbeischauen will. Der Boulekugel-Verkäufer – ein Satz zehn Euro, drei verschiedene Modelle, aber keines passend für Kinderhände – hofft auch für den Nachmittag noch auf Käufer: „Ich bleibe bis halb vier." Die alte Dame am ersten Stand verkauft kleine geflochtene Lavendelkeulen, 6,50 Euro das Stück, und dunkle Muskattraubenzöpfe in hohen Plastikschälchen; das niederländisch parlierende Paar mit Kleinkind zeigt sich von beidem begeistert.

Nebenan quillt aus der Seitentür einer *camionette* eine Lawine marokkanischer und tunesischer Teppiche; weitere Exemplare der gewebten Bodenzier sind bereits zur Präsentation aufgehängt. Die Schmuckverkäuferin zeigt großzügig sonnengebräunte Haut. Mein Weißleinenschirmmützenfreund trägt heute Shorts und Gehstock und hat es bis zum alten Waschhaus geschafft, wo er mit einer dunkelhaarigen Schönheit plaudert. Unter einem Sonnenschirm neben ihr tollen zwei winzige Katzen auf einem hochwandigen, viereckigen Tablett – in Augenhöhe der Passanten. „Die Tiere sind nicht zu verkaufen und nicht zu verschenken", kommentiert die junge Frau meinen Blick. „Wir verkaufen Bonbons, um unsere Tiere zu ernähren." Auf Englisch und Italienisch wiederholt ein an den Baum hinter der Tablettkonstruktion gehefteter Zettel ihre Worte und gibt weitere Erläuterungen zu dem Bonbonprojekt (das ich schon vom Markt in Coustellet her kenne, mit Zwergschweinen allerdings).

Das Schlusslicht der Marktstände bildet vom Dorf aus gesehen der Käsemann – Lepicurien 04 lautet sein Firmenname –, ein attraktiver Endvierziger mit kurz geschorenem dunklem Haar, das an den Schläfen leicht silbrig schimmert. Geduldig erklärt er mir die Herkunft seiner Ware, den Standort seines Reifekellers, was *bio* ist in seinem Sortiment und was nicht, wo er demnächst sein wird mit seinem Wagen. *„On fait les marchés toute l'année"*, ganzjährig toure er durch die Region, nicht wie viele seiner Kollegen, für die Ende September erst mal Schluss ist mit dem Marktverkauf und die erst kurz vor Ostern wieder ihre Fahrten aufnehmen.

Es ist schon ordentlich warm, selbst um zehn Uhr morgens, und ich überlege, ob es eine gute Idee war, mich mit der Freundin aus Coustellet zur Dörfertour zu verabreden. Vielleicht sollten wir eher ans Meer fahren.

Mein Handy klingelt, und mein erster Gedanke ist: Die Freundin hat die gleiche Idee – baden statt besichtigen. Aber es ist gar kein Anruf aus Coustellet, sondern es leuchtet eine Pariser Nummer auf dem Display. *„Allô, c'est Gabrielle à l'appareil, comment vas-tu?"* Danke, mir geht es bestens, nur ziemlich heiß hier in der Provence. „Bei uns auch – wir sind in Aix ..." Ehe ich mich weiter wundern kann, kommt schon die Erklärung: „Jules hat einen Studienplatz in Aix bekommen, und da haben wir beschlossen, die Sommerferien dieses Jahr zu nutzen und uns alles schon mal anzuschauen ein paar Tage lang. Später fahren wir dann an die Côte, zu unserer Großen nach Nizza; du weißt ja, sie lebt bei ihrem Vater. Vielleicht willst du uns ja dort besuchen kommen. Oder hier in Aix. Wir haben eine schöne Wohnung gemietet, da ist Platz genug."

Klingt verlockend. Beides. Zumal ich die Pariser schon lange nicht mehr gesehen habe; Jean, der „Kleine", ist jetzt schon dreizehn. Und sicher fast so groß wie seine Mutter. „Einverstanden, Gabrielle, ich komme – nach Aix erst mal. Am nächsten Wochenende, passt das?" – „Super, wir wohnen in der Rue Cardinale, gleich beim Musée Granvet. Ruf an, wenn du am Busbahnhof ankommst, damit wir auch zu Hause sind."

Nachdem ich die Mittagszeit abwechselnd im Schatten meines Feigenbaums und im kühlen Salon mit Schreiben, Lesen und Dösen verbracht habe, schrappt gegen vier Uhr das Hoftor über die Kiesfläche vor meiner Terrasse und die Freundin aus Coustellet ruft munter: „Bist du fertig?" Angesteckt von so viel Unternehmungslust packe ich die Kamera und den kleinen braunen Fächer ein (Souvenir einer gemeinsamen Reise nach Madrid) und wir steigen ins backofenwarme Auto.

Vorbei an den Troglodytenhäusern von Les Beaumettes machen wir uns auf in Richtung Goult. „Mir fällt gerade ein, ich brauche noch zwei Korkenzieher, als kleine Zusatzgeschenke", tönt es plötzlich vom Fahrersitz. „Dann halt doch mal an den Caves de Lumières, mein Vermieter hat mir mal gesagt, da gäbe es gute und günstige *tire-bouchons*." – „Schwarz oder dunkelrot?", fragt Minuten später die junge Frau in der Kellerei. „Beides", entscheidet meine Freundin. „Haben Sie noch andere Farben?" „Ja, hier, schauen Sie, Pink." Upps – knallrosa Korkenzieher. „Ich persönlich finde die super", lacht die Verkäuferin, „die sieht man wenigstens gleich in der Schublade ..." Eigentlich hat sie recht.

Drei pinkfarbene Korkenzieher in einer weißen Papiertüte stehen später hinter meinem Beifahrersitz. Schließlich brauche ich Mitbringsel aus der Provence. Und meine Damenrunde in Frankfurt weiß nützliches Haushaltswerkzeug ebenso zu schätzen wie guten Wein.

Auf der schattigen Terrasse des „Café de la Poste" in Goult gönnen wir uns eine eiskalte *menthe à l'eau;* Minzsirup aufgegossen mit Wasser (das in der Regel aus der Leitung stammt). Der große Parkplatz schräg gegenüber ist zwar noch gut gefüllt, aber die Ausflügler sind offenbar schon unterwegs im Ort zum nachmittäglichen Verdauungsspaziergang. Auch wir schlendern, nachdem wir unsere Gläser mit dem quietschgrünen Erfrischungsgetränk geleert haben, in die Hauptgasse hinein, vorbei an der Boucherie Aubert – „Dieser Metzger trägt immer Krawatte im Laden", hatte mir Monsieur Loiret einmal erzählt – und steigen hinauf zur Windmühle. Rechts davon zweigt der Chemin des Terrasses ab, in zehn Minuten, so verheißt die Hinweistafel, erreichen wir auf diesem Weg interessantes Kulturgut: die in historischer Trockensteinmauer-Technik erneut angelegten Anbauterrassen für Öl- und Mandelbäume sowie einige in gleicher Manier erbaute kleine Hütten, die *borries.* Bei jedem Schritt zwischen den sonnenheißen *murets de pierre* geraten wir jedoch mehr in Schweiß, sodass wir dem Mäuerchenpfad nicht bis zum Ende folgen, sondern umkehren und oben auf der *colline de moulin,* im Schatten des hohen Mühlenkorpus, lieber die Weite der Landschaft genießen. Und uns mithilfe der metallenen Orientierungstafel in der Umfriedung auch einige ihrer Details erschließen.

Ein halbes Stündchen später empfängt uns Joucas mit Pianoklängen. Und ich muss schon wieder an meine Ver-

mieter denken, die in all den vielen Jahren ihres provenzalischen Lebens so viele Geschichten gehört haben und so
viele Details der Landschaft kennen, dass sie auf nahezu
jede meiner Fragen eine Antwort wissen. Für Joucas hatten sie uns den Namen eines befreundeten Keramiker-Ehe-
paars mitgegeben und den Hinweis, dass die Holzplastiken
vor der Kirche auch im Ort entstanden seinen. Von der Kla-
vierspielerin hatte mir Monsieur ebenfalls erzählt – eine
tragikomische Geschichte von Reichtum und Armut, Liebe
und Liebeserwartung ...

Joucas ist nicht mehr als zwei Dutzend Häuser zu
Füßen einer einstigen Tempelritterburg – die sich inzwischen in Privatbesitz befindet. Das Gitterportal ist fest
verschlossen. Durch seine Stäbe erspähen wir englischen
Rasen. „Schon wieder Briten", feixt die Freundin. „Amerikaner", kontere ich, „laut Monsieur Loiret." Durch einen Hohl-
weg tappen wir vom Schlosshügel zurück ins Dorf. Steile,
schmale *chemins calangés,* mit großen weißen Rundkieseln
gepflasterte Gässchen, winden sich dort zwischen den oft
unverputzten, grobsteinigen Fassaden. Über dem Mäuer-
chen an der Flanke der Église Saint-Jean-Baptiste flattern
Wäschestücke auf der Leine. Und vor der Kirche steht ein
nacktes Paar. Aus Olivenholz! Muskeln und Falten der Frau
wie des Mannes folgen der natürlichen Baumstammstruk-
tur; dunkle Metallbänder und -platten bilden kleine Kon-
trastflächen auf Hals oder Schulter. Eine dritte Figur (weib-
lich) liegt lang gestreckt auf dem Boden. Sie stammt sichtlich von anderer Hand und ist auch aus anderem Holz.

„Eiche", präzisiert wenig später Ulysse Plaud, der mit
seiner Gefährtin Marion Heybroek das Paar vor der Kirche
geschaffen hat. Das Material dafür fanden die beiden Bil-
derhauer – er stammt aus Aix, sie aus Stockholm – auf der

griechischen Insel Tassos; ein siebenhundert Jahre alter Öl-
baum, so steht es auf dem Schenkel der weiblichen Figur.
Ausgerechnet Tassos, denke ich; was für ein Zufall, diese
Insel, die auch in meinem Leben einmal eine Rolle spielte,
obgleich ich noch nie dort war ...

Wir entdecken das Atelier Plaud/Heybroek in einer
Gassenbiege; freundlich werden wir hereingebeten durch
die offene Tür. Ein gutes halbes Dutzend Olivenholz-Torsi
und -Figuren ist in dem kleinen Innenhof versammelt; einige schon ausgeformt und mit Metall akzentuiert; andere
noch im Stadium des Werdens. *„La danse du feu",* Feuer-
tanz, sei der Arbeitstitel für die entstehende Gruppe, sagt
die drahtige, dunkelhaarige Marion, den namensgebenden
Ritus habe mal selbst gesehen. „Immer geht es bei unseren
Plastiken irgendwie um alte Kulturen, um das Mysterium
der menschlichen Herkunft." Daher seien sie beide auch
viel unterwegs, in Griechenland, in der Türkei, natürlich
auch in Schweden, wo sie ebenfalls noch ein Atelier hätten.

Seit Ende der Sechzigerjahre schon bilden Plaud und
Heybroek eine Arbeits- und Lebensgemeinschaft, so erfahren wir. Und dass beide auch ein paar Worte Deutsch sprechen, gelernt „bei unseren Fahrten aus der Provence hoch
nach Skandinavien". Mit neuerlichem Blick auf die Feuer-
tänzer möchte das Künstlerpaar dann noch unsere Meinung zu deren Dynamik hören. „Wir überlegen immer lange, welche Bewegung wir unseren Skulpturen geben; die
Körperspannung ist uns mit das Wichtigste. Ebenso wie
der gestische Ausdruck", sagt Madame Marion – während
Monsieur Ulysse laut über Holzarten sinniert: „Olivenholz
ist hart wie Eisen; Eiche bekommt rasch Risse, sodass Wasser und Insekten eindringen können, wie Sie sicher bei der
‚Liegenden' vor der Kirche gesehen haben."

Diese Figur stamme von einem afrikanischen Künstler-kollegen; ach und ob wir denn Les Maures kennten (oder hat er le Mourre gesagt?), da gebe es noch afrikanische Pflanzen, kein Wunder eigentlich, oder? Schließlich sei Südfrankreich ja auch mal Afrika gewesen, zu Urzeiten, als die Kontinente noch zusammenhingen. „Ja, das Massif des Maures kenne ich", sage ich und denke an mein Telefonat mit Gabrielle, die bald auf ihrer Fahrt von Aix nach Nizza die waldreichen Höhenzüge sehen wird; die A 8 verläuft ganz in ihrer Nähe.

Gabrielle, Gabrielle, da war doch noch was ... Stimmt! Ich kann sie am nächsten Wochenende gar nicht besuchen in Aix, denn ich habe für Samstag eine Karte für das Festival d'Avignon. Meine Wandertouren-Nachbarin hat mich eingeladen: „Wir fahren schon am Vormittag, machen einen kleinen Stadtbummel, vielleicht noch einen Abstecher nach Villeneuve, gehen was essen; ich kenne da eine Weinbar, gut versteckt, aber nicht weit vom Palais des Papes ... Und warst du eigentlich schon mal im Musée Saint Benézet, im Brückenkopf? Da erfährst du alles über das berühmte Chanson; du weißt schon: ‚Sur le pont d'Avignon, on y danse, on y danse'?"

Ausgelassen sangen wir beide die Melodie des uralten Volkslieds; eine schöne Einstimmung gleich auch auf den fröhlichen Vorabend der *Fête Nationale*. „Vorletztes Jahr gab es zum Nationalfeiertag Paella für alle im Dorf, letztes Jahr ein Mitternachts-Aioli", erinnert sich die Nachbarin. *„Et on a bien rigolé et bien dansé."* Mir fällt wieder der 14. Juli am Meer ein, bei Cassis oder sogar noch irgendwo weiter östlich, schon an der Côte d'Azur, viele Jahre ist es her, da hatten wir auch viel gelacht und getanzt. Frankreich war gerade Fußballweltmeister geworden, im eigenen Land, mit einem Sieg über Brasilien; schon seit zwei Tagen herrschte daher ausgelassene Feierstimmung. Alle im Lokal hatten irgendwie dafür gesorgt, die Nationalfarben zu tragen, als Fähnchen, T-Shirt-Halstuch-Jeans-Kombination oder sonst wie. Sogar der große, zottelige Hund trug eine Kokarde in *bleu-blanc-rouge* am Halsband.

Juillet – das ist aber auch ohne *Fête Nationale* und *Coupe Mondiale* der Festmonat schlechthin in Frankreichs Süden. Feste und Festivals locken fast überall, mit Musik, Theater, Tanz, Literatur, zu Ehren des Dorfheiligen; in Aix, Avignon, Orange, Vaison, Grignan. Jeden Tag könnte ich irgendwo hinfahren. „Und im August ist auch noch reichlich was los", hatte Madame Loiret scherzhaft gedroht, „da wird der Lavendel gefeiert, das Mittelalter, in Isle-Sur-Sorgue gibt es den schwimmenden Markt ..." „Stooooopp! Ich habe im Mai schon das Drachenfest verpasst in Mondragon und die Wallfahrt von Sainte-Marie de la Mèr und den LuberonJazz in Apt ..." – „Na, in Aix wird sich ja vielleicht auch Gelegenheit bieten für einen schönen Kulturabend", tröstet mich meine Vermieterin, „in den Höfen und auf den Plätzen dort ist im Sommer immer eine wunderschöne Atmosphäre."

Aix also. Gabrielle wohnt mit ihren zwei Söhnen in der Wohnung eines Architekten, der sich für die Zeit der Vermietung ins Dachgeschoss zurückgezogen hat. Wir müssen ihn allerdings schon bald stören, weil in der Toilette der Zulauf tropft und das Duschwasser kalt bleibt.

„Auch wenn's draußen heiß ist, brauch' ich morgens warmes Wasser", nölt Jules. „Sonst kann ich mich ja gleich unten am Brunnen vorm Museum waschen." „Oder dich schon um sechs in den Rinnstein setzen, wenn die Straßen durchgespült werden", feixt Jean. „Die Männer von der Straßenreinigung haben aber auch Schläuche, damit spritzen sie zwar eigentlich das Pflaster ab ..." Stimmt. Öffentliche Sauberkeit wird großgeschrieben in Aix.

„Aber nicht groß genug", mokiert sich am Abend ein zukünftiger Studienkollege von Jules; ein schlaksiges Kerlchen aus Freiburg. Wir treffen den jungen Mann zufällig im „Café le Verdun". Er ist schon drei Wochen in der Stadt, hat bereits sein Zimmer am Busbahnhof bezogen – „zusammen mit einer Schweizerin, wir zahlen fünfhundert Euro, suchen aber noch eine dritte Person, möglichst einen Franzoseen" – und findet Aix ebenso schmutzig wie teuer. „Überall Hundehaufen!" Science-Po studiere er – Jules spitzt die Ohren, denn Politikwissenschaften, das ist auch seine Wahl – und sei hier über ein *projet franco-allemand*, „leider nicht mit einem Erasmus-Stipendium". Von seinem Vormieter und Landsmann habe er allerdings schon gehört, dass das Studium hier ganz anders ablaufe als in Deutschland: „Keine Technik im Hörsaal, nur eine Tafel, an die aber selten was notiert wird vom Dozenten, alle hören zu und schreiben alles mit, keiner fragt." Oje, denke ich, das ist ja noch immer wie zu meiner Hochschulzeit, damals in Orléans. Jules schaut jetzt ein wenig verwundert zwischen uns allen hin und her, fragt dann aber doch den jungen Deutschen ziemlich entschlossen: „Könnte ich mir das Zimmer bei euch mal anschauen?"

Am nächsten Vormittag machen sich Jules und seine Mutter – „Ich komme auf jede Fall mit", hatte Gabrielle noch am Abend verkündet – auf zum Busbahnhof (beide nur kaltwassergewaschen), während Jean und ich (noch gänzlich ungesäubert) auf den Architekten aus dem Dachgeschoss warten. „Der Brenner hat offenbar automatisch das Sicherheitsventil geschlossen", murmelt er, als er später kurz und kräftig an den Boilerschaltern herumdrückt. Auch wir drei Erwachsene hatten uns an diesen *boutons* bereits versucht; unter den Fingern des Dachgeschossherrn springt das Gasflämmchen nun komischerweise problemlos an und züngelt auch brav weiter, ohne zu verlöschen.

Frisch geduscht ziehen Jean und ich dann los; wir wollen die beiden anderen gegen eins in der „Brasserie de L'Unité" treffen, an der Place Richelme, unter deren Platanen jeden Vormittag Bauernmarkt ist (Der Schinken, den wir einmal probierten, war köstlich!) und wo spätestens zur Aperitifstunde regelmäßig die Cafés am Platze ihre Stühle und Tische aufstellen. Zumindest eines von ihnen serviert, so stellt sich am Abend heraus, zu jedem Getränk etwas zu knabbern, Nüsschen, Oliven, aber auch selbstgemachte Pastetchen und anderes Fingerfood. Je nach Laune der Bedienung darf sich jeder Gast ein Schälchen aussuchen vom Tablett oder auch zwei.

Vor allem Studenten lieben diese Bar, denn wie hatte der Freiburger Student doch gesagt: „Ausgehen ist kostspielig in dieser noblen Bürgerstadt; nicht nur zur Festspielzeit." Während des Schul- und Hochschuljahres herrsche täglich ein Riesenandrang vor und in allen Snack-Bars. (Und es gibt eine ganze Menge von ihnen!) Ein halber Meter Baguette mit Merguez und Fritten ist dort für knapp fünf Euro zu haben, die Hälfte etwa von dem, was ein Tellergericht in einem „normalen" Aixer Lokal kostet – mindestens. Auf allen Stufen und Brunnenrändern der Stadt hocken daher zur Mittagszeit junge Leute mit Sandwiches oder Pizzastücken in der Hand; mitunter balanciert jemand auch einen gemischten Salat in der Plastikschale auf dem Schoß. Und „La Provence" macht sich die Mühe, auf zwei Seiten auszubreiten, wo in der Stadt denn eine sättigende Mahlzeit für eine Summe von unter zehn Euro zu haben ist. Es

sind kaum eine Handvoll Adressen – den meisten Platz nehmen in dem Artikel die Fotos ein.

Jean zupft an meinem Arm, ihm sei heiß, ob wir nicht
ein Stück mit einem dieser kleinen weißen Elektrobusse
fahren könnten. „Schau, da kommt gerade wieder einer."
Tatsächlich zirkulieren die luftigen *diablines* in kurzen Abständen durch die Altstadtgassen; offenbar sind sie für ältere Leute oder jene mit Handicap gedacht, denn der Einstieg
ist niedrig, und das Dach wölbt sich recht hoch über den
Sitzen. „Is voll öko", schiebt Jean noch nach und hat schon
die Hand erhoben, um das Fahrzeug zu stoppen. Nur drei
der insgesamt sechs Plätze auf den gegenüberliegenden
beiden Bänken sind bereits besetzt; also bitte ich den Fahrer um zwei Tickets und drücke ihm zwei Fünfzig-Cent-
Stücke in die Hand. „Jetzt musst du aber auch kurz in die
Kathedrale mitkommen", fordere ich, und Jean nickt ergeben. Dass dort jemand gerade an der Orgel übt, ohne dass
ein Ton zu hören wäre, findet er dann freilich ebenso cool
wie den modernen Altartisch mit dem organisch-schwung-
vollen, gold glänzenden Unterbau.

„So was als Schreibtisch wär auch super", muss Jules sich
dann beim Mittagessen anhören von seinem kleinen Bruder. „Lass mal gut sein; ich mag's lieber schlichter. Außerdem ist nicht so viel Platz in dem Zimmer." – „Nimmst du's
denn?" – „Ja, schon alles besiegelt." – „Dann können wir ja
schon morgen zu Papa und Céline nach Nizza fahren!",
frohlockt Jean. „Kommst du mit?" – „Mmmh, war eigentlich nicht so vorgesehen. Aber ein Tag am Strand wäre schon
schön. Nur wird es ein bisschen umständlich werden mit
dem Zurückkommen nach Ménerbes." – „Ich glaube, der
Vater meiner Kinder hat mir gesagt, er müsse Montagvor-
mittag nach Montpellier; da könnte er dich mindestens wie-

der bis Aix im Auto mitnehmen. Dort hast du dann ja den Bus. Außerdem freut sich mein Ex sicher, dich zu sehen, du kennst ihn ja schon länger als mich. Und vielleicht macht er ja sogar den Schlenker bis Cavaillon. Oder sogar bis Ménerbes." *D'accord*, Gabrielle, ich komme mit ans Meer! Muss mir nur noch schnell einen Bikini kaufen ...

August

Allein über die Alpilles

Mein letzter Monat in der Provence! „Machst du noch was Besonderes?", wollten alle Freunde wissen, die daheimgebliebenen ebenso wie jene hier in meiner Nähe. So mancher und manche in Deutschland fragte auch per Mail oder SMS oder Telefon: „Kommst du denn wirklich zurück?" Ja, obwohl mir der Abschied schwerfallen wird, das merke ich schon jetzt. Und natürlich überlege ich, wie ich die letzten Wochen hier gestalten soll. Gern würde ich noch einiges sehen oder wiedersehen. Cucuron zum Beispiel, wo ich schon einen verregneten Oktobertag verbrachte; im „Café de l'Etang", hinter dessen rosafarbener Fassade es „free wifi" gab und wo ich am Tisch vor dem Tresen mit einem Busfahrer ins Gespräch kam, der eine Gruppe Engländer nebenan zum Lunch abgeliefert hatte, „die Kunden eines Weinhändlers aus London". Abgeliefert bei dem rundlichen Sternekoch Eric Sapet, der seine Kunst unter anderem im legendären „Tour d'Argent" in Paris erlernte und nun schon seit geraumer Zeit sein eigener Küchenchef ist im „La Petite Maison" – wo auch wir reserviert hatten für den Abend, um einen Geburtstag zu feiern.

Cucuron also mit seinem lang gestreckten Wasserbecken, beschattet von uralten Platanen – *bicentenaires*, zweihundertjährig seien sie, stand in den fotokopierten Blättern zur Geschichte des Ortes, die mir der Patron des schlichten Hotel de L'Etang zum Abschied in die Hand gedrückt hatte. Cucuron, wo der *chef étoilé* nach Abschluss seines mittäg-

lichen Exklusiv-Engagements für die vinophiler
einmal herüberkam ins benachbarte Café, um
Blick auf den riesigen Flatscreen hoch oben in
werfen (auf dem gerade eine Fußballspiel lier) und dann
noch eine der ausliegenden Zeitungen durchzublättern,
bevor er mit seinen Papieren in der Hand (Abrechnung?
unser Abendmenü?) davonschlenderte unter den Platanen;
der Regen hatte inzwischen aufgehört. In dieses Cucuron
könnte ich noch mal fahren, das Ridley Scott ebenso als
Filmkulisse diente für „Ein gutes Jahr" wie das „Château de
Canorgue" in Bonnieux und das Hotel La Renaissance in
Gordes.

„Wenn du Leinwand-Feeling haben willst, dann kannst
du ruhig auch hier bleiben in Ménerbes", bremst mich Madame Loiret in meinen laut geführten Überlegungen. „Ach
ja? Das will ich jetzt aber genauer wissen; was wurde denn
hier gedreht?" „Einige Szenen von ‚Ein gutes Jahr' spielen bei
uns im Dorf, Teile des Krimis ‚MR 73' ebenso. Und James
Ivory hat bei uns nach den Memoiren von Françoise Gilot
‚Surving Picasso' gedreht, mit Anthony Hopkins in der
Hauptrolle." – „Stimmt, diese Produktion habe ich sogar gesehen, sie lief in Deutschland unter dem Titel ‚Mein Mann
Picasso'; Ende der Neunziger muss das gewesen sein." –
„Genau. Und 2009 wurde in Ménerbes ein Film über Albert
Camus produziert; da spielten sogar fünf Leute aus unse-
rem Dorf mit. Das Lourmariner Anwesen des Schriftstel-
lers hatte die Crew auf der Place d'Horloge nachgebaut.
Béatrice, die diensthabende Rathaussekretärin, hätte übrigens damals beinahe die Nacht im Büro verbringen müssen.
Die Kulissenbauer hatten nämlich eine falsche Fassade vor
unsere *Mairie* gehängt und damit die Tür blockiert." – „Warum wurde denn eigentlich nicht in Lourmarin gedreht?" –

tal, das er besitzt, mit biologischer Landwirtschaft anfingen." Nein, davon weiß ich tatsächlich nichts. „Sechs Jahre dauerten die Auseinandersetzungen; letztlich hat das Gericht aber zugunsten des Paares entschieden. Möglicherweise hast du die zwei schon auf dem Markt von Coustellet gesehen." – „Worum ging es denn bei den Klagen?" – „Es ging um Bäume, die nicht schnell genug wachsen, um die Gewächshäuser der beiden Neubauern abzuschirmen – die aber gar nicht zu sehen waren von Scotts Grundstück aus. Außerdem ging es um einen Löschgraben, um eine Hütte für Arbeitsmaterial und um einen Hühnerstall, den der Engländer nicht wollte. Dabei trägt sein eigener Wein ein Etikett, auf dem Hühner abgebildet sind." – „Die Flaschen habe ich gesehen im Cave de Lumière, als ich meine Korkenzieher kaufte."

„*Oh, les filles!*", ruft es in diesem Moment auf der Straße. Zwischen den Gitterstäben des Hoftores erspähe ich von meinem schattigen Terrassenplatz aus einen einzelnen männlichen Rennradler; in deutlichem Abstand vor ihm zwei junge Frauen, die, ebenfalls in schwarz-weißen Trikots und auf leichten Drahteseln ohne Schutzblech, in Richtung Bonnieux strampeln. Nach dem sehnigen Rufer dreht sich keine von beiden um. „Carine, mit einer Freundin", vermutet Madame Loiret. Aber wer ist der Mann? Ein neues Mitglied im BMC, dem Bicycle Ménerbes Club? Von dessen *cyclistes* einige inzwischen sogar in Deutschland bekannt sind, wie ich nach der ausgiebigen Filmdiskussion mit meiner Vermieterin weiß.

„Brice, Thierry, Mark, Andy, Sam, Carine – alle waren beteiligt an einem Dreh für die Deutsche Welle; das war im gleichen Jahr wie die Geschichte um Camus für FR 3." „Und worum ging es?" „Die Regieanweisung lautete: hoch auf den

Mont Ventoux." Zwar mussten die BMCler sich weder über den Grat des *Col des Tempêtes* kämpfen, der seinem Namen – Sattel der Stürme – nur allzu oft Ehre macht, noch die Tour-de-France-Strecke nehmen, die von Bédoin aus zwar um einiges kürzer, dafür aber deutlich steiler auf den Gipfel des *géant de provence* führt, des provenzalischen Riesen, der von der Ferne immer aussieht, als trage er eine Mütze aus Schnee. Von der Ostseite durften die Ménerber Hobbyradler den Windberg in Angriff nehmen – die einfachste Strecke, so hatte mir Jean-Pierre einmal versichert; er fährt sie mehrmals im Jahr, als Ausgleich quasi zum vielen Stehen beim Malen und natürlich um fit zu bleiben. *„Deux bonnes heures"* brauche er in der Regel für diesen Aufstieg via Sault, gute zwei Stunden. Ähnlich lang hatte im Juni der gut trainierte Freund aus Frankfurt für diese Strecke gebraucht. Als wir ihn mit dem Auto auf dem zugigen Gipfel abholten, verkündete er allerdings: „Beim nächsten Mal fahre ich ab Bédoin." *Bon courage!* Einundzwanzig Kilometer mit einer durchschnittlichen Steigung von mehr als siebeneinhalb Prozent. Und fast sechzehnhundert Meter Höhenunterschied!

Es ist noch einigermaßen kühl an diesem Morgen; für den Mittag sind allerdings wieder dreißig Grad angesagt – nicht unbedingt die ideale Temperatur für körperliche Betätigungen (außer vielleicht Schwimmen). Also ein Schreib- und Lesetag. Und sicher ein Tag für Eis. *Une bonne glace pour la pause de quatre heures;* vorne am Eck im „Maison de Marie", dessen Besitzerin in den höhlenartigen Räumlichkeiten nicht nur zwei kleine Salons eingerichtet hat, sondern im Obergeschoss zudem eine Boutique.

Langsamen Schrittes tappe ich am Nachmittag um kurz nach vier durch die noch immer heiße, stille Avenue Marcellin Poncet. Als ich sie fast hinter mich gebracht habe, aus dem Augenwinkel gerade rasch noch feststelle, dass an der Schiefertafel neben dem Galerie-Schaufenster wieder die kuriosen Winterwettervorhersagen angeschrieben stehen, sehe ich die ungewöhnliche Fremde schon sitzen bei „Marie".

In ihrem schwarzen, engen Kleid balanciert sie anmutig auf dem hochbeinigen weißen Hocker, der, mit passendem Tischchen, gerade noch in die Nische neben der wuchtigen Eistheke passt, welche sich, halb gläsern, halb weißes Metall, tief hineinzieht in den schmalen Raum, sodass meist kaum Platz ist für den sommerlichen Kundenansturm, der sich erst einmal neugierig zu den diversen, sorgfältig beschrifteten Sortenbehältern beugt. Lavendel (mit dem Zusatz „bio"), Lakritz, schwarze Schokolade, Pistazie, Brombeere, *calisson* (wie die gleichnamigen berühmten Mandelschiffchen aus Aix) – fast zwei Dutzend *parfums* hat „Marie" im Angebot. Die Dame im schwarzen Kleid – das Modell erinnert mich an die *tenue* der beiden munteren Apothekerinnen in Marseille – sitzt vor einem durchsichtigen Schälchen mit einer nicht ganz runden, dafür aber recht großen hellen Eiskugel (vermutlich Vanille) und einem Glas Leitungswasser. Ihr Blick ist starr auf die Straße gerichtet; die grauen Locken bewegen sich selbst dann keinen Zentimeter, wenn sie den neongrünen Plastiklöffel in die unförmige *boule de glace* sticht und dann auf ihm eine winzige Portion der sahnigen, schon leicht angeschmolzenen Masse in einer nahezu mechanischen Bewegung zwischen die roten Lippen führt. Welch ein Kontrast zu den neugierig drängelnden, bunt und leicht bekleideten anderen Fremden mit ihren prall gefüllten Bechern und Hörnchen, deren Inhalt sie in diversen Sprachen laut und fröhlich kommentieren und sich schon an der Theke, spätestens aber vor dem „Maison de Marie" gegenseitig zum Probieren hinhalten. Als ich endlich vorrücken kann in den Ladenschlauch, entscheide ich mich für eine Kugel *cassis*; wähle dann aber als Kontrast zu der schwarzen Johannisbeere noch eine zweite Sorte: die sattgelbe Honigmelone. Zwei Euro pro *parfum*; ein kleines Vermögen. Aber in Isle-sur-Sorgue, fällt mir ein, lag der Preis noch um fünfzig Cent höher.

Genüsslich schleckend schlendere hinab in die Rue Kleber Guendon; Jean-Pierre hat sein Atelier allerdings noch nicht wieder geöffnet, in dem ihm gern jeder bei der Arbeit zuschauen darf. Bei „Roche & Fils" indes ist der Rollladen bereits hochgezogen, und im Schaufenster entdecke ich zudem frische Lavendelplätzchen. Nur der Platz der *nids d'abeilles* ist immer noch leer. Obwohl mir Madame la Boulangère schon vor zwei Tagen frische Bienennester angekündigt hatte. Bin ich mal wieder zu spät, hat sie schon alles verkauft von dieser knusprigen Köstlichkeit, die flach und hart ist wie Waben und mit gerösteten Mandeln bestreut; die provenzalische Antwort auf den durch Creme oder Pudding aufgeschwollenen deutschen „Bienenstich". Oder bin ich zu früh gekommen, sind die „Nester" noch im Ofen? Madame Roche gibt eine dritte Antwortvariante zum Besten: Cyril, ihr Gatte, habe beim Zurücksetzen des Autos (sie sagt weder „seines" noch „unseres", sondern schlicht *de la voiture*) einen großen Ölfleck auf der Straße entdeckt, just dort, wo er eben noch geparkt hatte. Da musste natürlich erst mal geklärt werden, woher die schillernde Lache stammt, und das Problem ihrer Beseitigung wie jener des Lecks angegangen werden. „Danach war dann der Ofen schon zu kalt." Ich nicke ebenso bedauernd wie verständnisvoll und frage schließlich voller Hoffnung: *„Ça sera alors pour demain?"* Ja, morgen sicherlich, gebe es frische *nids d'abeilles.* Zur Überbrückung der Genusslücke kaufe ich zwei Lavendelplätzchen. Sie werden gewogen und für einen Euro fünf Cent wert befunden. Als Madame la Boulangère meine Gesichtszüge entgleiten sieht, gibt es sofort Rabatt. *„Un Euro."* – Ich werde sie andächtig vierteln, diese kostbaren Kekse ...

„Mmmh, schmecken aber wirklich lecker", loben anderntags die Loirets und meine Wanderfreundin, die ja auch ihre ist, die *bisquits de lavande.* Gemeinsam sind wir schon früh am Morgen aufgebrochen – „ans Wasser". Automatisch hatte ich dabei „ans Meer" gedacht. „Schön, wohin geht's denn: Cassis, die Calanque ..." Ein dreimundiges Schmunzeln. „Wir fahren an einen See, an den Étang de la Bonde. Wir dachten, den kennst du sicher noch nicht." Nein, ich wüsste noch nicht mal die Himmelsrichtung. „Ein Stückchen weiter als Cucuron. Dort können wir dann ja auf dem Rückweg noch Station machen; heute regnet es garantiert nicht." Überraschung geglückt; *merci beaucoup, mes amis!* „Freu dich nicht zu früh; wir werden nämlich von Cabrières aus zum See laufen; ein knappes Stündchen. Ist aber kein schwieriges Terrain, und es gibt auch kaum Steigungen. Die dicken Wanderschuhe brauchst du also nicht einzupacken."

Auf dem schattigen Place des Ormeaux vor dem Rathaus von Cabrières d'Aigues sind wir zwar trotz der frühen Stunden nicht die Einzigen, die ihre Rucksäcke aus dem Kofferraum holen. Aber bis wir uns überlegt haben, welche der beiden möglichen Routen wir nehmen, liegt der Platz wieder still und leer. Wir folgen schließlich jenem Weg, der über die Brücke zunächst hinaufführt ins *quartier du château*, über Treppenstufen in Richtung Burg, vorbei am *vieux lavoir*, dem Waschhaus, vorbei an Notre-Dame de Belles Fleurs, dem halb troglodytischen Kapellchen aus dem 15. Jahrhundert, vorbei an der alten Ölmühle, bis wir über die Dächer des Achthundert-Seelen-Dorfes schauen und am Horizont den Mourre Nègre erkennen, den mit gut elfhundert Metern höchsten Punkt des Luberon-Massivs.

Talwärts geht es dann weiter, Weizen- und Rebfelder säumen den Pfad, Trüffelhaine, Grüneichen, eine Felswand; am Bachrand marschieren wir unter Mandel-, Kirsch- und Pfirsichbäumen, immer dem gelben Wegsymbol folgend. Als es uns an einem Punkt nach links leiten will, verkündet der Mann in unserem Quartett jedoch: „Hier gehen wir weiter geradeaus." Ein wenig zögernd folgen wir ihm ins Unterholz, steigen erneut ein Stückchen bergan. Oben auf dem Kamm erhalten wir die Belohnung für unseren „Verstoß" gegen die offizielle Routenführung: einen grandiosen Ausblick auf den See. Smaragdfarben glänzt er im Sonnenlicht. Am gegenüberliegenden Ufer erkennen wir ein türmchenbewehrtes Gebäude – „Château de la Bonde, ein Bauern- und Weingut aus dem 19. Jahrhundert", weiß unser männlicher *guide*. „Dieser See ist mit seinen fast dreißig Hektar die größte Wasserfläche im Regionalpark Luberon", erfahre ich außerdem. Und dass seine teilweise von Pappeln, Weiden und Schilf gesäumten Ufer als Rückszugsgebiet dienen für Bless- und Teichhühner, Eisvögel, Stockenten und Bachstelzen. „Es gibt aber auch einen richtigen Sandstrand, das wirst du ja noch sehen. Da kann man sogar Kanus und Tretboote leihen, falls du noch mehr tun willst für deine Muskeln." – „Nein, danke, nicht auf diese Weise. Lieber schwimme ich ein halbes Stündchen." Was mich aber vor dem Sprung ins kühle Nass doch noch interessiert: „Wie ist denn der See entstanden?" – „Er wurde künstlich angelegt. Im Auftrag eines gewissen Fouquet d'Agoult. Als Baron von Sault besaß der edle Herr viel Land um das Château de La Tour d'Aigues und entschied daher, zur Bewässerung seiner Felder ein Reservoir einrichten zu lassen. Es wird gespeist vom Mirail-Bach, der am Fuß des Grand Luberon entspringt."

Unter Schirmpinien und Aleppokiefern spazieren wir noch einige Minuten weiter. – „Nicht bis an den Strand", hatten wir drei Frauen einstimmig beschlossen. In gebührendem Abstand zu Campingplatz und Nudistenbereich finden wir schließlich ein lauschiges Plätzchen, an dem wir unsere Handtücher und unsere Picknickdecke ausbreiten. Ein wunderbar entspannter Sommerausflug, an den ich mich noch lange erinnern werde ...

Inzwischen rückt der Termin meines endgültigen Abschieds von Ménerbes und der Provence unaufhaltsam näher; längst liegt meine Zugfahrkarte auf dem Wandtischchen im Salon meines Zuhauses bei den Loirets. Monsieur Patrick hatte mir das Dokument freundlicherweise ausgedruckt, vorne in der Abteilung *presse* vom „Le Progrès", nachdem ich mit den beiden Damen von der Épicerie zuvor beratschlagt hatte, wer denn wohl im Dorf die Möglichkeit hätte, mein Onlineticket vom *clé*, also vom Speicher-Stick, aufs Papier zu bringen. „Fragen Sie doch mal im Tourisme, vielleicht können die das machen." Gute Idee eigentlich. Aber leider war dort schon geschlossen.

Der Countdown läuft. Noch zehn Tage. Eigentlich genug für noch etwas „Besonderes". Für ein letztes kleines Abenteuer. Für die GTA – die Grande Traversée des Alpilles! Immer mal wieder hatte ich diese Wanderung schon geplant; immer nur war es bei der Idee geblieben, und ich hatte allenfalls einen Autoausflug in die Gegend gemacht. Aber zu Fuß von Salon nach Tarascon, oder umgekehrt – das wäre doch ein schönes Abschiedsgeschenk an mich selbst.

„Schau nur, ob die Strecke nicht gesperrt ist wegen Brandgefahr", mahnen meine beiden Loirets. „Wir bringen dich gern bis nach Cavaillon. Und wenn du willst, holen wir dich dann auch ab in Salon-de-Provence." Wunderbar. Nur dass der Früh-Bus ab Cavaillon seinem Namen alle Ehre macht und um sechs Uhr zweiundzwanzig fährt. Dafür aber direkt; knapp eine Stunde braucht er für die Strecke. So könnte ich noch bei einigermaßen niedrigen Temperaturen starten. Vielleicht schaffe ich es an einem Tag bis Saint-Ré-my, das sind knapp dreißig Kilometer. Oder ich übernachte in Les Baux. Die nächsten Etappen wären dann Eygalières und Aureille, die letzten Eyguières und Lamanon. Drei Tage ... „Wann willst du los?" – „Ich denke Donnerstag, passt das für euch?" – „Ja, klar." – „Und die Uhrzeit auch?" – „Im Sommer sind wir Frühaufsteher." Was habe ich doch für ein Glück gehabt, diese zwei Menschen zu treffen.

16. August. „Nur" 29 Grad lautet die Vorhersage für Tarascon. Aber es geht ja hinauf auf die Crêtes. Zumindest ab Le Mas de Pommet. Als ich auf der Place Colonel Berrurier aussteige aus dem Bus, beschließe ich, mir die acht Kilometer durch Vorstadtlandschaft und Felder bis zum *mas* vor den Toren von Saint-Etienne-du-Grès zu sparen und stattdessen lieber noch einen kleinen Bummel zur Burg am Rhône-ufer zu machen. Über den Cours Aristide Bruand und die Rue du Progrès bin ich ja in gut zehn Minuten schon da.

Immer wieder fällt mir zu Füßen des trutzigen *château* die berühmte Drachengeschichte ein, der das (schon 48 v. Chr. von den Römern gegründete) Städtchen seinen heutigen Namen verdankt. Martha von Béthanien soll *la tarasque,* das Amphibienmonster, welches immer wieder Reisende in die Rhônefluten riss, aber auch Wanderer, Jungfrauen und Vieh verschlang, Bauernhöfe und Land zerstörte, auf ebenso mutige wie wunderbare Weise gebändigt haben, als sie, auf dem Rückweg von Palästina, von Saintes-Maries-de-la-Mer den Fluss heraufkam. Bereits im 15. Jahrhundert wurde die Zähmung des Drachen durch die heilige Martha auf Geheiß von König René kräftig gefeiert. Und heute kriecht das Ungeheuer immer wieder während eines viertägigen Spektakels im Juni aus seinem Schlupfloch hervor, um sich in einem bunten Ritual stets erneut bezwingen zu lassen.

„*A quelle heure alors?*", fragt in meine Gedanken hinein der Taxifahrer, den ich am Busbahnhof angesprochen hatte mit der Bitte, mich doch bis Mas le Pommet zu fahren. Hm, um welche Uhrzeit? „In einer halben Stunde. Können Sie mich abholen an der Burg? Dann trinke ich in einem der beiden Cafés gegenüber noch rasch eine *noisette* …" Die Abmachung klappt, um halb neun stehe ich am Fuß der Alpilles. Mit der Information, dass das – „ja leider so früh am Morgen noch geschlossene" – Musée Soleiado mit seinen historischen *indiennes,* also den typisch provenzalischen, „indisch" gemusterten Stoffen, unbedingt einen Besuch wert sei (ich kenne es allerdings schon) und das 1806 gegründete Unternehmen, welches nach dem Tod von Charles Deméry seinen luxuriösen Glanz rapide eingebüßt hatte, seit Kurzem in neuen Händen ruhe und wiedererblühe. *Merci, Monsieur le chauffeur* – auch für den fairen Preis Ihrer allumfassenden Serviceleistung.

Also hinauf nun auf die Crêtes, immer entlang der GR 6, der Grande Randonnée, wie die Franzosen den Europäischen Fernwanderweg nennen. Schön schattig ist es auf der bewaldeten Höhe, es geht sich mühelos. Kaum oben, scheint es mir, geht es schon wieder bergab; recht nah vorbei an den *Carrières de Lumières*, einem alten Steinbruch, von dem mir meine Vermieter so vorgeschwärmt hatten: „Dort gibt es wunderbare Installationen, wir haben die zum Thema Gauguin, Van Gogh und die Maler der Farben gesehen." Andere aber, die die Vorgängerinstitution kannten, ‚La Cathédrale d'Images‘, die Bilderkathedrale, beklagen den Verlust der einst magischen Atmosphäre durch das angeblich eher unterhaltsame als künstlerisch orientierte Konzept der neuen Betreiber. Ob ich mir selber ein Urteil bilden soll? Geöffnet wäre ja schon ...

Nein, ich gehe nicht in den Berg, sondern bleibe unter dem Sommerhimmel. Und umrunde Les Baux auf dem Sentier de Tremaïe, dem Pfad der römischen Stelen. Nach der Mittagspause habe ich dann noch mal gut zwei Stunden bis Saint-Rémy. Ich muss an Jean-Benoît Hugues denken, dessen Firmenauto wir zufällig in Saint-Rémy gesehen hatten und dessen Olivenöl mir eines der liebsten ist, seit ich es erstmals schmeckte vor Ort, hier zu Füßen von Les Baux, in der Moulin de Castelas, nachdem ich mit dem ehemaligen Ingenieur, den es aus den Apillen bis nach Arizona verschlagen hatte, erst einmal eine gute Stunde lang durch seine Ölbaumgärten gelaufen war und zwischen den knorrigen, uralten und den schlanken, neuen Gewächsen eine ebenso lange wie spannende Einführung in den Herstellungsprozess eines *huile biologique* erhalten hatte. Ich könnte ihn anrufen und fragen, ob er und seine Frau Zeit haben für einen kurzen Lunch ... Besser nicht. Kurz geht ja selten beim Essen mit Franzosen. Und eigentlich bin ich ja auf Wander- und nicht auf Schlemmertour. Zudem sind ja große Ferien; da ist sicher sowieso niemand zu Hause.

Also zurück auf die Crêtes und den GR 6. Ich komme an einem kleinen See vorbei, und einmal muss ich sogar ein wenig klettern; der Weg führt über einen kleinen Vorsprung. Aber es geht recht leicht, denn eine Leiter ist im Fels verankert. Zur Rechten liegen bald das Glanum und das Kloster Saint Paul de Mausole und es geht vorbei am eindrucksvollen Mausolée des Jules, dem turmartigen Grabmal der Familie Julius aus der Zeit um 30 vor Christus.

Mein Nachtquartier liegt in der ruhigen, von gepflegtem Grün gesäumten Rue Étienne Astier, ein kleines privates Zimmer, das ich am anderen Morgen schon schon um kurz nach sechs verlasse in Richtung Saint Paul, um dann hinaufzusteigen auf das Plateau de Caume, wo ich die Markierungen der GR 6 wiederfinde. Fünfzehn Kilometer etwa liegen nun vor mir, oben auf den Höhen der Crêtes, ein *parcous en dents de scie*, mit sägezahnartigem Verlauf und felsigen Passagen. Nach gut eineinhalb Stunden erreiche ich den Col de Vallongue; die Hälfte der Strecke ist schon geschafft. Über eine römische Brücke führt die Tour dann weiter nach Eygalières. Noch keine zehn Uhr! Ich freue mich auf meine *noisette* und ein Croissant. Und stehe plötzlich wie vom Donner gerührt: *„Sous les Micocouliers"* steht in dem Sträßchen hinter dem Rathaus in schwungvoller Schreibschrift auf einem Eisenbogen, der sich zwischen zwei weißen Säulen wölbt. Mireille, hier müssen wir unbedingt einmal zusammen essen gehen! Im Garten natürlich, unter den Zürgelbäumen!

Heute indes verzichte ich auf die verlockenden Kreationen, auf die Plat du Jour oder das Menu Matisse. Zu Mittag will ich schon in Aureille sein, zehn Kilometer sind als Distanz auf meiner Wanderkarte vermerkt. Das Etappenziel für diesen Tag heißt dann Eyguières. Auf direktem Weg sind das noch einmal sieben Kilometer. Zwölf dagegen, wenn ich den höchsten „Gipfel" der Alpillen noch erklömme, *le sommet des Opies* mit seinen fast fünfhundert Metern über dem Meeresspiegel, und dann den Abstieg nähme über die Relikte der gallo-römischen Villen bei Saint-Pierre de Vence. Aber bei fast dreißig Grad? Andererseits ... nun bin ich schon mal ganz in der Nähe. Und die Sommertage sind lang ... Zudem bleiben mir nur noch knapp fünfzehn Kilometer von Eyguières bis Salon-de-Provence. *Courage!* Also auf zum Gipfel-Umweg über das Tal von Glauges ...

Im Office de Tourisme von Eyguières fürchte ich schon das Schlimmste, als die junge Dame lange stumm das Telefon an ihr Ohr geklemmt hält. Irgendwann scheint aber doch jemand abzuheben bei dem gewählten Anschluss, und ich höre erleichtert das *„Oui, d'accord, Isabelle, dans quelques minutes"*. Ja, es gibt noch ein Zimmer für mich, keine fünf Minuten entfernt – und sogar *„avec piscine"*, mit Swimmingpool. Perfekt!

„Vous êtes au ,roupillon'", begrüßt mich die Hausherrin wenig später und weist über die Außentreppe ihres Anwesens aus dem 17. Jahrhundert zu meiner Unterkunft. Nett, ein Gästezimmer „Nickerchen" zu nennen. Natürlich mache ich eines nach dem Abkühlen im Pool. Nun brauche ich nur noch eine Adresse fürs Abendessen. „Eher rustikal oder etwas moderner?" Hmm. „Schauen Sie sich doch einfach beide an, sie liegen an derselben Straße, Avenue Saint-Vérédème, Nummer sechs und Nummer neun, also fast schräg gegenüber."

„Und, wofür hast du dich entschieden?", wollen die Loirets am nächsten Abend wissen, als wir uns im „Salon de Provence" zum gemeinsamen Mittagessen niedersetzen. „Mal nicht für die provenzalische Tradition", gestehe ich und erzähle dann noch ein bischen von meiner letzten Etappe von dem einstigen Lehen der de Sades zu den troglodytischen *Grottes de Calès,* über einen *sentier botanique* mit all seinen Pflanzen und eine herrliche *caladé,* die mich schließlich hinabführte ins hübsche Lamanon mit seinen von winzigen Vorgärten und farbenfrohen Fensterläden geschmückten Häuschen, mit seinem kleinen archäologischen und landwirtschaftliche Musée Saint-Denis an der Place du Cabaret und dem imposanten Schloss, an dessen Flanke ein zweiter *géant de Provence* zum Himmel strebt, die botanische Antwort quasi auf den Mont Ventoux: eine mehr als dreihundert Jahre alte Platane, gut fünfzig Meter hoch bis zur Krone und mit acht Metern Stammdurchmesser.

„Bei den letzten Kilometern habe ich dann wieder ein wenig geschummelt", gestehe ich meinen Abholern. „Wie das?" – „Ich bin um halb elf in Lamanon in den Zug gestiegen." – „Und dann?" – „Dann war ich noch bei Marius Fabre." – „Du meinst den Seifenhersteller?" – „Genau, ich hatte gehofft, noch die Besichtigungstour durch die alte Fabrik zu schaffen, die beginnt ja um halb elf. Aber leider nur an Wochentagen, wie ich feststellen musste. Immerhin war das Musée du savon de Marseille in dem alten Trockensaal geöffnet, und so konnte ich mich noch ein bisschen schlaumachen über die Geschichte des Unternehmens. Es wurde ja schon im Jahr 1900 gegründet und ist immer noch in Familienbesitz. Außerdem habe ich eine Menge über die Seifenherstellung in der Provence erfahren – ich wusste gar nicht, dass ihre Anfänge zurückgehen bis ins Mittelalter."

„Und hast du auch was gekauft?" „Na klar, Mitbringsel en masse, savon de Marseille in allen Dimensionen und *savon noir à l'huile d'olive,* schwarze Olivenölseife. Und ein

Shampoo, das ein wenig nach Teer riecht. Und ... ein kleines Geschenk für euch. Das gibt's aber erst nach dem Essen."

Mein Wanderabschied steckte mir noch zwei Tage lang in den Knochen. Obwohl wir am Samstag in Salon-de-Provence nach dem ausgedehnten Mittagessen auf alle weiteren Aktivitäten verzichtet hatten; weder Nostradamus in seinem Geburtshaus die Aufwartung machten noch die Gemälde von Jourdan in der Festung bestaunten. Sondern den Abend gemütlich ausklingen ließen bei einem Fläschchen Rosé auf der heimischen Terrasse.

Schon wieder Donnerstag! Mir bleibt noch genau eine Woche! Rasch verfliegen die Stunden mit letzten Besuchen im Ort, letzten Plaudereien, einem letzten kleinen Rosé kurz vor dem Mittagessen bei Madame Ruffinato auf dem Familienweingut, dessen Erzeugnisse ich bei den Loirets häufig zum Dîner kosten durfte. Leider blieb keine Zeit mehr für den Ausflug nach Barroux, wo Marie und Marc, zwei ehemalige Architekten aus Paris, die Tradition des Safran-Anbaus wieder haben aufleben lassen. Und wo auch die aus einem Kapellchen in Bédoin mit einem einzigen Mönch hervorgegangene Kloster-Neugründung der Achtzigerjahre steht, in der inzwischen mehr als sechzig Benediktiner arbeiten und leben und unter anderem köstliches Brot backen, in dessen Genuss ich dank meiner Vermieter immerhin schon kam; sie hatten mir zwei große Stücke davon mitgebracht.

Die Zeit hat auch nicht mehr gereicht zur gemeinsamen Klettertour durch die Gorges du Baradel oder die Gorges de Régalon, die schmalsten und dunkelsten Schluchten der Provence, die schon in der Steinzeit Jägern Unterschlupf boten. Es ist auch nichts mehr geworden mit dem Paragliding in den Baronnies und dem Paddeln in den Gorges du Verdon, ebenso wenig wie mit dem Besuch des Observatoire de Saint-Michel zum Sternschnuppenregen und dem Augenbad in den Lavendelfeldern zwischen Saint-Christol und Sault.

Ich habe es schließlich auch nicht mehr geschafft, eine *course* zu erleben oder Monsieur Bon wiederzusehen, den Gründer und passionierten Leiter des „Musée du Riz de la Camargue", das der Gute (nomen est omen; in diesem Fall passt es wirklich) in der ehemaligen Reisfabrik seiner Eltern eingerichtet hat. Jean-Luc Rabanel, dem besternten Kräuter-Blüten-Tapas-Zauberer aus Arles mit dem markanten Faltengesicht, war ich letztlich auch nicht mehr in seinem „Atelier" dort begegnet (so heißt sein Lokal, ein schmaler, puristischer Raum, ursprünglich mit nur wenigen Tischen und freiem Blick in die Küche, ziemlich versteckt in einer ruhigen Seitengasse), sondern nur beim Fernsehsender TF 1. Der Virtuose einer *cusisine du vivant*, einer gesunden Pflanzenküche, und Erfinder kulinarischer *émotions du moment*, wie es poetisch auf der Karte heißt, Momentaufnahmen nicht nur, aber gern auf der Basis eigener Gartenerzeugnisse oder zumindest von Produkten aus der Region – *jus de roquette, brousse de brebis de pays, jeunes pousses d'herbe et citrons confits à l'huile d'olive*, so buchstabieren sich beispielsweise die Rabanel'schen „Emotionen" zum Stichwort Camargue: Raukensaft, cremiger Schafskäse aus der Region, junge Kräuterspitzen und in Olivenöl eingelegte Zitronen –, dieser Mann aus der Gascogne also zählte an dem Abend zur Jury einer der Staffeln von „MasterChef", jenem Wettstreit von Amateurköchen vor laufenden Kameras, bei dem nicht nur wegen des Zwiebelschneidens Tränen fließen. Rabanel hatte die Kandidaten-Interpretationen seiner *barrigoule d'artichaut* zu bewerten ...

So viele Pläne hatte ich noch ... Selbst den Dolmen *de la Pitchoune* kenne ich nach wie vor nur von Fotografien – obwohl er quasi vor der Haustüre liegt. Da könnte ich ja tatsächlich noch rasch hinspazieren ... Und auf dem Rückweg von diesem legendären Megalith, dessen Name auf Provenzalisch „kleines Mädchen" bedeutet, zum allerletzten Mal ein Frühstückscroissant vorbestellen in der Épicerie ...

Epilog

Es war zu kurz, das provenzalische Jahr. Zu kurz für all die interessanten, engagierten, herzlichen Menschen, denen ich begegnet bin; die mich inspirierten, informierten, aufnahmen, unterstützten. Zu kurz, um all die Fäden aufzurollen, deren Anfänge ich in meinen Händen hielt. Zu kurz, um wirklich zu verstehen, zu erkennen, in die Tiefe zu tauchen. Zu kurz, um nicht zu sagen: Auf ein Neues ...

Ein Jahr in …

Julica Jungehülsing
Ein Jahr in Australien
Reise in den Alltag
Band 5818

Anja Schönborn
Ein Jahr in Neuseeland
Reise in den Alltag
Band 5968

Frauke Niemeyer
Ein Jahr in Rio de Janeiro
Reise in den Alltag
Band 6161

Hanni Bayers
Ein Jahr in San Francisco
Reise in den Alltag
Band 6256

Julia Berger
Ein Jahr in Tokio
Band 6294

HERDER

Printed in Poland
by Amazon Fulfillment
Poland Sp. z o.o., Wrocław

89440892R00115